职业教育·道路运输类专业教材

Qiche Yunshu Qiye Jiwu Jishu Guanli

汽车运输企业机务技术管理

雷琼红　李　华　编著

金柏正[杭州长运运输集团有限公司]　主审

人民交通出版社

内 容 提 要

本教材围绕汽车运输企业机务技术管理的相关活动,系统地介绍了机务技术的各项管理工作。内容包括汽车运输企业机务技术管理概述、车辆使用管理、维修生产经营管理、安全管理、机具设备管理、物资采购供应管理以及技术教育培训管理七个方面。

本教材可作为高职高专院校汽车技术服务与营销、汽车检测与维修技术等汽车类专业的教学用书,也可作为汽车运输企业机务技术管理人员的自学用书。

图书在版编目(CIP)数据

汽车运输企业机务技术管理 / 雷琼红,李华编著. —北京:人民交通出版社,2013.8

高等职业教育"十二五"规划教材

ISBN 978-7-114-10801-3

Ⅰ.①汽…　Ⅱ.①雷…②李…　Ⅲ.①交通运输企业-企业管理-高等职业教育-教材　Ⅳ.①F540.5

中国版本图书馆 CIP 数据核字(2013)第 168318 号

职业教育·道路运输类专业教材

书　　名:汽车运输企业机务技术管理

著 作 者:雷琼红　李　华

责任编辑:任雪莲　闫吉维

出版发行:人民交通出版社股份有限公司

地　　址:(100011)北京市朝阳区安定门外外馆斜街 3 号

网　　址:http://www.ccpress.com.cn

销售电话:(010)59757973

总 经 销:人民交通出版社股份有限公司发行部

经　　销:各地新华书店

印　　刷:北京虎彩文化传播有限公司

开　　本:787×1092　1/16

印　　张:7.75

字　　数:192 千

版　　次:2013 年 8 月　第 1 版

印　　次:2023 年 8 月　第 4 次印刷

书　　号:ISBN 978-7-114-10801-3

定　　价:30.00 元

汽车运用技术专业建设委员会

主 任 委 员　王怡民

副主任委员　金仲秋　李锦伟

编　　　委　柴勤芳　屠群锋　兰杏芳　马林才

金柏正(企业)　朱福根　陈　杰(企业)

吴　涛　王　强　詹远武　王惠灵(企业)

雷琼红　李　华　郭宏伟　刘美灵

王启文(企业)

前　言　Preface

汽车运输企业的机务技术管理是保持汽车完好、充分发挥汽车效能、减少各种消耗的重要技术保证，是汽车运输企业管理的重要组成部分。对汽车运输企业降低运输成本，提高运输经济效益，提供安全、及时、低耗、高效的运力具有重要作用。“汽车运输企业机务技术管理”是汽车类专业的一门拓展课程。通过本课程的学习，使学生具备车辆购置使用、维修生产经营、生产安全、机具设备、物资采购供应以及技术教育培训等管理工作的方法能力，以及社会能力和专业能力。为了实现这一课程目标，特编写了本教材。

本教材围绕汽车运输企业机务技术管理的相关活动，从职业能力分析出发，以工作任务为主线，将课程学习内容分解成七个章节，即汽车运输企业机务技术管理、车辆使用管理、维修生产经营管理、安全管理、机具设备管理、物资采购供应管理以及技术教育培训管理。本教材强调“教、学、做”相结合，充分体现了职业性与实践性的要求。

本教材引入典型的工作任务，由校方和企业方共同审定教材内容，充分体现了教材内容的实用性和先进性的特点，使教材更贴近行业的发展和实际需要。

本教材由浙江交通职业技术学院雷琼红和李华共同编著，其中第一章、第二章、第六章和第七章由雷琼红撰著，第三章、第四章和第五章由李华撰著。杭州长运运输集团有限公司金柏正教授级高级工程师担任本教材的主审。

本教材可供高职高专院校汽车技术服务与营销、汽车检测与维修技术等汽车类专业教学使用，也可作为运输企业机务技术管理人员的自学用书。

本教材在编著过程中得到了杭州长运运输集团有限公司等汽车运输企业一线专家和技术人员的大力支持，在此表示衷心感谢！本教材在编写过程中，也参阅了国内外相关文献资料，在此谨向原著作者表示衷心感谢！

由于作者水平有限，书中难免有疏漏和错误之处，敬请广大读者批评指正，我们不胜感激！

作　者

2013 年 04 月

目 录 Contents

目 录 Contents

第一章　汽车运输企业机务技术管理概述

教学目标：

1. 掌握机务技术管理的范畴、地位与作用；
2. 熟悉机务技术管理的基本理念；
3. 熟悉机务技术管理的主要考核定额和指标。

第一节　机务技术管理的基本理念

一、机务技术管理的概念

1. 概念

汽车运输企业机务技术管理是指汽车运输企业为保障车辆在营运中安全、无故障，并为提供汽车维修、设备保障和能源供应等而进行的管理。

2. 意义

汽车运输企业机务技术管理是保持汽车完好、充分发挥汽车效能、减少各种消耗的重要技术保证，是汽车运输企业管理的重要组成部分。对汽车运输企业降低运输成本，提高运输经济效益，提供安全、及时、低耗、高效的运力服务具有重要作用。

汽车在使用过程中会出现零部件的磨损、疲劳、腐蚀以及老化等，使各零部件失去原有的功能，汽车的使用性能也会下降。特别是营运汽车，会因为运输过程中荷载大、路况复杂、运输线路不确定等因素，造成汽车的技术状况不稳定，存在一定的安全隐患。做好机务技术管理工作，能确保汽车处于良好的技术状况，降低汽车的燃油消耗量，避免不必要的能源浪费，有效降低企业运输成本，缓解我国能源消耗的紧张局面；保证汽车的安全行驶，避免人员伤亡和财产损失，保证企业的安全生产和社会的稳定；降低汽车尾气排放和噪声污染，改善人们的生活环境质量，提高企业的社会效益。

二、机务技术管理的理念

机务技术管理既是汽车运输企业管理体系的一个重要组成部分，又是一个相对独立的部分。机务技术管理涉及车辆的完好率、安全性、维修成本以及燃润料的消耗，包括车辆从择优选配、正确使用、定期检测、强制维护、视情修理、合理改造、适时更新直至报废的全过程的综合性管理。它服务于企业汽车运输的需要，并与企业的经营成本紧密相连。因此，应牢固树立起行业管理的观念，面向全行业，紧紧围绕汽车运输企业主营的发展需求，建立健全机务技术管理机制，充分发挥机务技术管理对车辆运行和安全生产的保证、保障、服务和降耗的重要作用,推动汽车运输企业的集约化经营和发展。

要做好机务技术管理工作,必须树立以下理念:

1)全面的质量管理理念

质量是产品满足使用要求所具备的特性。汽车运输企业的产品是通过消耗运输劳务所实现的旅客或货物的位移效用,并不是任何形态的实物产品。但是,汽车运输企业的质量不仅仅指产品的质量,还包括工程质量和工作质量。全面的质量管理就是对汽车运输的产品质量、工程质量和工作质量的管理,三者之间的关系如图1-1所示。

图1-1 产品质量、工程质量和工作质量的关系

汽车运输企业的产品质量通过安全性、及时性、方便性、经济性和舒适性(旅客运输)等进行评价。对于机务技术管理而言,应保证车辆处于完好的技术状况,使驾驶员严格遵守交通规则和执行驾驶操作规程,抓好安全管理,以保证行车安全。根据运输的需要,安排合适的车辆,提高车辆的利用率和实载率,提高劳动生产率和设备的利用率,最大限度地降低燃料、轮胎等的消耗,降低维修费用和其他费用开支。应根据不同的需要配置车辆,保证提供良好的乘坐舒适性。

汽车运输工程质量是指操作者、机器、材料、管理、工艺方法和环境在特定条件下的结合。工程质量包括人员、机器、材料、方法和环境五大要素。人员的素质很大程度上决定了产品质量的优劣,只有提高全员的素质才能保证产品有好的质量。机器和材料对运输质量有直接的影响,应通过机器的合理选购和正确维修、材料的及时采购和库存控制等提供必要的保障。要有正确的管理方法,严格执行工艺规程和操作规程。汽车运输企业应适应所处的外部环境,立足于抓好内部环境,才能提高工程质量。

工作质量是指企业的生产、技术、组织管理、思想政治等方面的工作对产品质量的保证程序。只有优质的工作质量才能保证良好的工程质量,进而保证良好的产品质量。机务技术管理人员应抓好员工的教育培训、技术改造、车辆设施管理、材料管理、生产管理和安全管理等方面的工作,提高工作质量。

2)合理的物资消耗理念

汽车运输企业的物资是指生产过程中所消耗的各种生产资料,包括运行材料、维修材料、设施设备和工具、废旧料和辅助材料等。其中,运行材料如燃料、润滑材料、轮胎,维修材料如汽车维修配件都属于企业的营运成本,企业固定资产的维修费也属于企业的营运成本。而降低营运成本,有利于提高企业的经济效益和市场竞争力。

汽车运输企业是燃料和润滑材料消耗的大户,也是节能减排的重要领域。在当前能源紧缺的局势下,实施营运车辆燃料消耗量准入制度,对于汽车运输节能降耗,调整运输结构,促进可持续发展具有重要的意义。而制定燃、润料消耗定额是控制企业营运成本的有效途径,机务技术管理人员应严格控制车辆燃、润料的消耗量。

图1-2 废旧轮胎

汽车运输企业的轮胎的消耗量很大,其在企业营运成本中所占比例也大。废旧轮胎(图1-2)乱丢乱放对环境有很大的污染,且造成极大的资源浪费。因此,关于轮胎也应制定合理的消耗定额,促进轮胎的正确使用和回收再利用,达

到节能降耗的目的。

通过制定合理的车辆维护和小修费用定额来控制车辆维修的成本,激励驾驶员加强车辆的日常维护和正确驾驶,可使车辆持续保持完好的技术状况,降低燃料消耗和减少排放,延长车辆使用寿命。从而降低企业的营运成本,提高竞争优势,同时也可达到节能减排的目标。

3)创新的技术管理理念

汽车运输企业的一切活动必须靠人来实现。人既是生产力的基本要素,也是管理的主体,更是管理能否成功的关键。因此,首先就要注重培养和造就一批懂科学、会管理、素质高和业务精的机务技术管理人才,提高企业机务技术管理水平。汽车运输企业应从服务全省、全市道路事业的角度来提升机务技术适应能力,应同全国同行业先进单位对比来提升机务技术管理水平。在机务技术管理的方式、模式上进行创新,提高汽车运输企业整体的机务技术管理能力。

现代汽车运输企业,必须充分运用现代化的信息技术、网络技术、教育技术、智能运输以及识别技术,全方位推行现代技术管理。信息技术应该或已经成为支撑企业经济活动生活的基石。广泛应用信息技术可以充分发挥信息作为生产要素和战略资源的重要作用,优化企业资源配置,从而提高运输生产率。信息技术与网络技术的有机结合,可以更快捷、更准确地收集、传递、处理信息并加以执行,实现信息和其他资源的全面共享和有机协作,提高机务技术管理的准确性、迅速性和及时性。

教育技术管理在汽车运输企业的主要目的是改善绩效,提高员工的工作业绩。企业应充分利用现代教育技术的资源和手段,在时间和空间上最大限度地贴近企业实际,迅速有效地提高员工的知识和技能水平,智能运输和识别技术在汽车运输过程中的利用,也可以有效改善机务技术管理。以 GPRS 通信技术或北斗区域卫星导航系统为平台的智能化和车辆识别管理实现了车辆的实时监控,变被动管理为主动管理,可提高企业的运输生产、车辆使用、信息处理等管理效率和判断决策能力。如图 1-3 所示为车载 GPRS 定位器。

图 1-3 车载 GPRS 定位器

第二节 机务技术管理的地位与作用

一、机务技术管理的范畴

汽车运输企业机务技术管理是车辆运行、维修的综合性管理,重点管理运行成本、车辆使用、车辆维修和延长车辆使用寿命。在机务技术管理的诸多环节中,提高驾驶员的驾驶技术、加强驾驶员的日常维护教育培训、提高营运车辆的维修质量,是至关重要的三大环节,这也更能体现出以预防为主的机务技术管理理念。具体来说,汽车运输企业的机务技术管理包含以下主要内容:

(1)车辆购置管理。包括新车选型、合同签订、接车验收、办证上牌和档案建立等。

(2)车辆使用管理。包括车辆分配、燃润料定额下达、车辆使用培训、车辆日常维护、车辆使用质量监控、节能减排、规费缴纳和车辆年审等。

(3)生产经营管理。包括生产组织、生产经营、维修设备选购使用和维修安全等。

(4)车辆技术质量管理。包括维修制度确定、维修标准制定、机械与机损事故认定处理和网络管理等。

(5)物资采购供应管理。包括物资的采购、出入库检验和仓储回收等。

(6)技术教育培训管理。包括车辆使用技术教育培训、车辆维修技术教育培训和人员管理等。

二、机务技术管理的地位与作用

机务技术管理在汽车运输企业中的地位是由它所担负的工作职责所决定的。机务技术管理是汽车运输企业管理的重要组成部分,担负着重要的职能。

机务技术管理的范畴较广,复杂程度较高,技术性、服务性和专业性较强,难度较大。从车辆使用的角度看,其涵盖了车辆从购置、使用、维修直至报废的全过程管理。从经济效益的角度来看,包括购车成本、折旧、节能减排、运行材料成本、人工成本及其他费用等的管理。从后勤保障的角度来看,包括车辆技术状况、可靠性、安全性、维修及时性等的管理。从管理技术的角度来看,包括技术标准制定、维修制度的确定和技术教育培训等的管理。因此,汽车运输企业的经济效益和社会效益的好坏与企业的机务技术管理水平密切相关,机务技术管理在企业管理中占有十分重要的地位。

机务技术管理的作用表现在以下方面:以汽车运输企业的经济决策为基础,保证为营运所需,为其提供舒适、无故障和无隐患的车辆,并以此为目的开展技术质量保障、维修保障和物资保障等工作。

三、机务技术管理工作职责

机务技术管理工作必须保证车辆的完好率,充分发挥车辆效能,减少各种消耗,提供安全高效的运力服务,为此就要认真履行好五项职责:技术服务、技术指导、技术质量保证、技术监督和技术经济核算。

在汽车运输企业,应加强机务技术管理工作的组织领导,坚持“企业负责、行业管理、国家监察、群众监督、劳动者遵章守纪”的原则。应有一名领导分管机务工作,并设置专门的管理和监督机构,如分管机务工作的副总经理、机务技术处等,分管副总经理为企业的机务技术管理第一责任人,机务技术处为机务技术管理的职能部门,各分部、维修中心为基层机务技术管理机构,即直接责任单位。经理为第一责任人,对分管副总经理负责。分部的分管经理、机务员、主管、技术(质量)检验员和班(组)长等负责日常管理工作。机务技术管理的组织结构大致如图1-4所示。

1. 企业总经理的主要职责

(1)贯彻落实国家和上级有关技术管理的方针政策、规章制度,下达机务技术管理目标和考核指标。

(2)建立健全企业的技术组织体系,签发管理文件,审批技术改造经费。

(3)负责企业技术管理工作的领导、监督和检查。

(4)审批企业的设备选购、更新和报废工作。

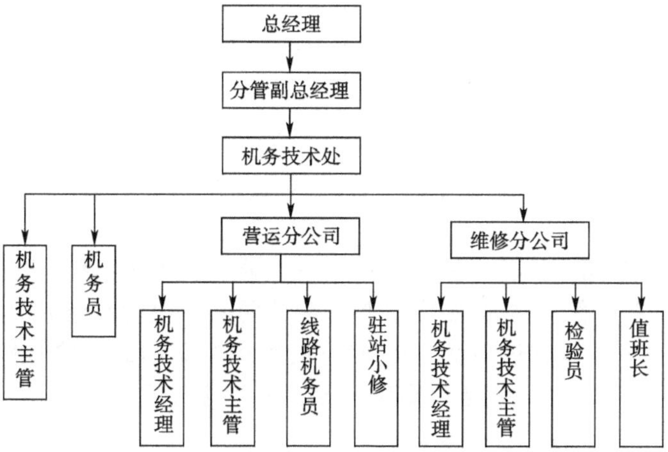

图 1-4　机务技术管理的组织结构

2. 企业分管副总经理的主要职责

(1)贯彻执行机务技术管理的方针政策、规章制度,并组织实施。

(2)拟定企业机务技术管理的规章制度、管理目标和考核指标方案,经通过后作为责任人负责组织实施,并承担相关责任。

(3)制定机务技术管理的各级岗位责任制,明确机务技术管理人员的职责和权限,充分发挥其作用,保持管理队伍的相对稳定。

(4)对总经理负责,定期向总经理汇报机务技术管理的工作情况。

(5)组织安全法规教育和有关技术培训交流,不断提高机务技术管理人员、维修人员和驾驶人员的素质。

(6)推广现代化的管理方法和新技术、新工艺、新材料、新设备,组织进行先进经验和技术交流,开展爱车、节油、节胎和节料等竞赛活动。

3. 机务技术处机务主管的岗位职责

(1)坚持技术与经济相结合的原则,对营运车辆、零配件和维修设备等实行择优选配、选型、购置、使用、维修、适时更新与报废的全过程综合性管理。

(2)根据运量的需要,调查研究后,提出采购计划,向董事会申报。经同意后按程序向交通运输管理部门提出申请,经审核批准后,办理购车手续。

(3)选购车辆时,应根据运行条件,对车辆的适应性、可靠性、经济性和维修方便性、尾气排放标准等进行选型论证。

(4)采购车辆。

4. 机务技术处线路机务员的岗位职责

(1)督促检查分公司机务员认真履行岗位职责,组织好机务员每月例会和机务工作互查,以便发现问题及时解决和提高分公司机务员的业务素质。

(2)组织抽查驾驶员日常维护制度的执行情况和分公司机务技术管理的检查评比工作。

(3)调查和协助处理机务事故,制订预防措施,以杜绝类似事故再次发生。

(4)抓好线路的节油工作,经常了解节油动态,及时协助攻克车辆废油问题和推广节油新技术。

(5)协助分公司抓好驻站小修人员的工作质量的技术培训,督促小修人员定期清洁油电路,降低油电路故障和做好小修配件工作。

(6)认真收集线路营运中的节油、故障、质保期内的维修质量返工等机务数据，对数据加以分析并提出改进措施。

(7)完成临时交办的任务。

5. 营运分公司机务经理岗位职责

(1)在分公司经理领导下，贯彻车辆管、用、养、修的原则，对分管的机务技术工作负全面责任。

(2)贯彻预防为主、定期检测、强制维护和视情修理的原则，不断提高业务管理工作素质，搞好分公司机务技术管理的基础工作，保证分公司的各项技术经济指标的圆满完成。

(3)全面贯彻车辆技术管理制度的实施细则，组织好车辆的年检和例行安全检查，掌握全体驾驶员、驻站小修的技术状况和操作水平，负责组织驾驶员和驻站小修的业务教育工作。

(4)检查驾驶员对日常维护的执行情况，及时了解驾驶员的驾驶技术，对违章者及时进行教育和处理。加强节油意识，组织机务员、驾驶员和驻站小修广泛开展节油活动，以保障降低燃油消耗，教育、指导和督促驻站小修努力搞好主动型维修保障工作，提高维修质量，减少乃至杜绝途中故障。

(5)掌握所管辖车辆的技术状况，指导机务员建立健全车辆技术档案，审定机务员编制的各类车辆维护和修理计划，杜绝带病车辆上线运营，杜绝机务事故。对已发生的机务事故，及时组织分析，提出处理意见，采取有效措施，确保车辆安全运行。

(6)加强对机务员工作的领导，帮助机务员提高机务技术管理水平，坚持机务员工作汇报制度，定期向分公司和有关业务处室汇报工作。

(7)完成上级交办的任务。

6. 营运分公司机务主管岗位职责

(1)贯彻执行上级有关部门以及公司机务技术管理的规章制度、定额标准，并组织监督实施。

(2)在分管领导的领导下开展工作，组织公司设备启用、检测、日常维护、证照、技术档案更新、新车上户办证等综合管理。

(3)推广现代化机务技术管理方法，应用新技术、新工艺、新设备和新材料。

(4)认真做好计量、标准化工作，落实质量管理、定额管理、轮胎管理、技术档案管理、设备检验维修制度，积极开展爱车、节油、节胎、节料和技术革新，组织技术交流，总结推广先进经验。

(5)组织实施员工技术培训，提高员工素质。

(6)及时组织技术责任事故的分析、处理，开展质量评优活动。

(7)制定公司机务技术管理人员和驾驶员技术管理的岗位职责。

7. 营运分公司机务员岗位职责

(1)在分公司的领导下，认真贯彻执行车辆技术管理制度，保障分公司机务技术工作的正常进行。

(2)熟悉并了解全体驾驶员和驻站小修的操作水平，根据具体情况组织岗位练兵和操作观摩，不断提高驾驶员和驻站小修的业务素质，并负责考核驾驶员和驻站小修的业务辅导效果以及实习驾驶员的日常维护技术。

(3)充分掌握分公司车辆的技术状况，组织驾驶员正确使用车辆、精心养护车辆，抓好分公司节油工作,做好车辆技术档案的记录和保管工作,经常分析故障原因,采取有效措施,确保车辆在运行中不发生机务事故,努力提高车辆的完好率,降低机件的故障率。

(4)车辆维修时,负责提供车辆的技术状况,做好车辆的维护、修理记录,按照公司各类维修竣工技术要求验收车辆。

(5)检查和监督驾驶员做好车辆的日常维护工作,严格执行公司有关规定,组织好车辆的年检和例行安全检查工作,指导驾驶员做好节油工作,指导并督促驻站小修开展修旧利废,节约油料和燃料。

(6)经常收集驾驶员操作情况,掌握小修项目情况,及时分析常见故障原因,组织驻站小修进行技术攻关,并向分公司和主管业务处室汇报。

(7)完成临时交办的任务。

8. 营运分公司驻站小修岗位职责

(1)服从签票员的指挥,负责保障当班运营车辆随时处于良好的技术状况。车辆发生故障时,及时以最快的速度排除故障,并将情况随时通知签票员,保证线路正常运营。

(2)在机务员的指导下,全面掌握车辆的技术状况,做好车辆安全部件和其他机件的检查调整工作,保证营运车辆具有良好的技术状况,使故障率不断下降。

(3)关心、了解、分析和解决线路车辆的技术状况和油耗情况,帮助驾驶员做好节油工作,为保证部门节油指标的完成提供技术保障。

(4)在机务员的指导下,有计划地实施季节性安全检查,并协助驾驶员做好车辆的日常维护、运行车辆发生故障需回场报修的项目记录等机务技术管理工作,发现问题及时汇报。

(5)做好小修故障考核、鉴定和责任故障的记录,按规定统一上报,注意节约配件、原材料和燃油,做好小修用料、试车用油的登记,并负责领用和保管材料、工具等。

(6)服从机务员、线组长、签票员的调度指挥,主动上车查询车辆的使用情况,积极做好小修和节油的服务工作,不断提高营运车辆的各类故障排除效率,保持工作场所的整洁,做好文明生产。

(7)完成上级交办的任务。

9. 维修分公司经理岗位职责

(1)作为维修分公司安全生产的第一责任人,对本公司的安全生产负全面责任。

(2)贯彻“以人为本、管理创新”的管理方针和有关的法律法规,执行和推广相关的行业标准。

(3)检查征求分部门、驾驶员的意见,与他们建立良好的合作关系,协调好相关部门的关系,提高工作效率,降低生产成本,改善工作环境,保证安全生产。

(4)制定并组织实施工作计划、管理制度和岗位职责。

(5)严格管理成本,定期分析配件耗损原因,不断调整和完善管理措施和生产工艺。

(6)严格对维修安全和维修质量进行管理,杜绝维修事故和重大质量事故的发生。

(7)加强员工培训教育,有计划、有步骤地开展培训。

(8)推广应用新理念、新技术、新工艺,不断提高维修分公司的管理水平和技术水平。

10. 维修分公司机务技术主管主要职责

(1)贯彻执行上级和公司发布的技术管理方针政策、规章制度和技术标准。

(2)制定本公司机务技术管理的规章制度和岗位职责。

(3)严格执行技术标准和工艺规范,确保维修质量。

(4)推广现代化管理方法,应用新技术、新工艺、新材料和新设备,开展技术革新活动,做好环境保护和劳动保护工作,不断改善工作环境,提高工作效率,减轻员工劳动强度。

(5)认真落实公司的计量、标准化和定额管理、质量管理、技术档案管理工作,按时召开质量管理例会,完成公司下达的管理目标。

(6)组织员工的技术培训和交流,不断提高其技术水平。

(7)及时分析、协助处理技术、质量事故,并按程序上报。

11. 二级维护检验员工作职责

(1)贯彻执行维护检验标准,推广、使用维修检验新技术。

(2)负责一、二级维护的维护质量,严格执行维护标准。

(3)对二级维护车辆进行严格的进场检验、过程检验和竣工的全面质量检验,杜绝维护不合格的车辆出场,确保不出现一、二级维护质量事故。

(4)对维修不合格的车辆,作出责令责任人整改的决定,及时召开现场质量分析会,制订、实施防范措施。

(5)不断学习、推广维修检验技术,实施“三级检验(自检、班组检验、检验员检验)制度”。

(6)协助技术员解决维修中的疑难问题及员工现场技术培训。

(7)参加配件质量鉴定和维修质量事故的分析鉴定。

12. 值班长岗位职责

(1)制订值班长专人负责机务日常管理工作,熟悉本站点所属车辆的分布和使用情况、车辆的技术状况,控制配件领用,做好车辆节油工作。

(2)根据主管部门的各类维护计划,督促驻站小修、驾驶员及时填写各类维护送修单,按指定时间及时维护。

(3)及时反馈所属车辆的机务信息,为上级部门制定管理制度提供实际依据。

(4)负责接收维护车辆出场,并根据线路营运和车辆实际情况调整到最佳状态。

(5)经常检查、督促驻站小修如实填写各类检查和小修情况。

(6)交接班时必须将当班时的车辆状况移交清楚,杜绝各类隐患车辆上线运营。

(7)及时发现有重大安全隐患的车辆,做好处理工作。

(8)熟悉新配车辆的技术性能,并做好驾驶员的指导工作。

(9)教育监督驾驶员做好例行安全维护工作。

第三节　机务技术管理的考核定额和指标

机务技术管理的主要考核定额和指标是指其技术、经济定额和指标。汽车运输企业机务技术、经济定额和指标是指在一定的生产条件下,进行运输生产和经济活动所应遵守或达到的限额,是实行核算经济成本、分析经济效益、考核经营管理水平的主要依据。建立、健全和完善技术、经济定额和指标,实行定额管理是现代企业管理的基本要求,是企业持续保证良好的车辆技术状况和降低机务成本的内在需要。任何企业不仅要建立科学合理的技术经济定额和指标,而且要保证定额和指标的与时俱进性。

一、制定技术经济定额和指标的基本原则

营运车辆机务技术管理的技术、经济定额和指标的设定和考核必须具有先进性、实用性和科学性。在测定或推算定额和指标时,必须遵循以下基本原则。

1. 技术性与经济性相结合的原则

很多企业存在“重使用,轻维护;重生产,轻机务;重产值,轻成本”的现象,这些都偏离了技术与经济相结合的原则和科学发展观的本质要求。在机务技术管理的过程中应认真贯彻“预防为主,技术与经济相结合,生产与管理并重”的原则。强化成本观念,达到技术上先进、经济上合理的平衡。从技术性讲,必须执行严格的标准,企业应在技术进步上下功夫。从经济性上讲,企业应仔细研究技术性和经济性如何统一,做到既促进了技术进步,又不因此而使成本增高。

2. 定性分析与定量分析相结合的原则

有些技术、经济定额和指标是定性分析的结果,有些则是定量测算的结果。因此,在确定经济定额和指标时,必须遵循两者相结合的原则。

3. 技术方案的可比性原则

技术方案可从四个方面进行比较:满足需求的可比性、消耗费用的可比性、价格的可比性和时间的可比性。

满足需求的可比性是指各种技术方案要共同满足社会某种需要的相同的质和量。

消耗费用的可比性是指不同的方案在劳动消耗和劳动占用上是不同的,为了使各方案能正确的比较,采用统一的费用计算原则、方法和范围,使用统一的口径。

价格的可比性是指对远期方案的比较采用远期的测算价格;而对近期方案的比较,采用近期的价格指标。

时间的可比性是指不同方案的比较以相同的计算期作为比较的基础。

4. 行业先进水平和企业纵向比较相结合的原则

在制定技术经济定额与指标时,为保证先进性和与时俱进性,必须以行业的定额和指标为基础,结合汽车运输企业自己的实际情况,制定合适的定额和指标,既满足行业要求,又体现企业自身的技术经济优势和特点。

另外,在制定技术经济定额和指标时,还必须具有合理性、可执行性和稳定性。在执行中,也要随着使用条件的改善和技术的进步进行必要的修订。

二、制定技术经济定额和指标的基本方法

汽车运输企业通常会依据当时的具体条件、定额制定人员的经验和技术水平和所掌握的资料的数量和质量,综合采取下列方法中的几种方法进行预测、预算和调整,才能制定出合理的技术经济定额和指标。

(1)经验估计法。这种计算方法需利用定额制定人员的经验进行估计,准确度较差。

(2)统计分析法。这种计算方法需利用以往的统计资料才能进行可靠性分析和最终确定,其准确程度受统计资料的可靠性、以往采用的生产方法、操作水平和管理水平的影响。

(3)实际测定法。这种计算方法需具有实际可操作性,受测定人员工作熟练程度、操作人员的技术水平和工具准确性等多种因素的影响和限制。但是,如果组织周密,可靠性会

较高。

(4)技术计算法。这种计算方法需依据相应的技术标准所设定的额定消耗量,并根据实际情况进行调整、计算,最终制定出定额和指标。其准确度较高,但是当影响因素较多时,计算的工作量较大。

三、主要的技术经济定额和指标

1.行车燃料消耗定额

行车燃料消耗定额是指车辆每行驶百车公里或完成百吨公里运输任务所消耗燃料的限额。一般以升/百车(吨)公里或立方米/百车(吨)公里为单位,用于节能考核。

2.轮胎行驶里程定额

轮胎行驶里程定额是指新轮胎从开始装用、经翻新到报废为止,总行驶里程的限额。

3.车辆维护与小修费用定额

车辆维护与小修费用定额是指车辆每行驶一定里程,维护与小修耗用的工时和物料费用的限额。这个定额需要根据不同车型和使用条件来制定。

4.车辆大修费用定额

车辆大修费用定额是指车辆大修所耗工时和物料总费用的限额。这个定额需要根据不同车型和使用条件来制定。

5.车辆完好率

车辆完好率是指完好车日数与营运车日数的比值。完好率是衡量汽车运输企业车辆完好状态占车辆总数的百分比,可大体反映车辆驾驶、维修、配件供应以及技术管理的综合状态。

6.车辆平均技术等级

车辆平均技术等级是指汽车运输企业所有运输车辆技术状况的平均等级,标志着企业全部车辆的平均技术状况。其计算公式如下:

$$\text{车辆平均技术等级}=\frac{1\times\text{一级车数}+2\times\text{二级车数}+3\times\text{三级车数}+4\times\text{四级车数}}{\text{各级车辆数的总和}} \quad (1\text{-}1)$$

其中,一级车指完好车,二级车指基本完好车,三级车指需修车,四级车指停驶车。

7.车辆新度系数

车辆新度系数是综合评价汽车运输企业车辆新旧程度的指标。其计算公式如下:

$$\text{车辆新度系数}=\frac{\text{年末全部运输车辆固定资金净值}}{\text{年末全部运输车辆固定资金原值}} \quad (1\text{-}2)$$

按照《道路旅客运输企业等级》(JT/T 630—2005)和《道路货物运输企业等级》(JT/T 631—2005)的规定,一级和二级客、货运输企业营运车辆的新度系数必须达到0.6以上。

8.客户满意度

客户满意度是指客户期望值与客户体验的匹配程度。换言之,就是客户通过对一种产品可感知的效果与其期望值相比较后得出的指数。

顾客满意程度取决于顾客对其购买产品或服务的预期(理想产品)与顾客购买和使用后对产品或服务(实际产品)的判断的吻合程度。如汽车维修质量的客户满意度评价通常从维修质量、服务态度和价格三个方面,分五个等级进行测评,如表1-1所示。

汽车维修质量的客户满意度评价 表 1-1

内容＼评价	很满意	满意	比较满意	不满意	很不满意
维修质量					
服务态度					
价　　格					

9. 材料消耗定额

材料消耗定额是指车辆每行驶百公里所平均消耗的维修材料费。其计算公式如下：

$$材料消耗=\frac{一定周期内车辆总的维修材料消耗量}{一定周期内车辆总行驶里程}\quad (元/100km) \tag{1-3}$$

营运车辆的维修材料成本约占道路运输综合成本的5%～8%，材料消耗是一项可控成本，企业之间的竞争归根结底是综合成本的竞争。

汽车维修材料消耗与修理分公司的维修质量和营运分公司驾驶员的使用息息相关，对这个指标要同时考核修理厂和驾驶员。

材料消耗定额的考核，可促进修理分公司提高维修质量和积极开展修旧利废工作，提高车辆故障诊断水平，强化维修质量考核。同时，可促进驾驶员做好车辆的日常维护工作和维修时的监督，正确合理地使用，科学规范地维修。

10. 车辆返修率

车辆返修是指修理分公司（厂）把承修车辆修复出厂后，在质量保证期内，维修的故障仍未彻底消除而回厂再次修理的现象。

车辆返修率指车辆经修理出厂后，在质量保证期内回厂返修的车辆频率，其主要用于衡量车辆维修的彻底性和质量可靠性。计算公式如下：

$$返修率=\frac{返修车辆辆次}{维修车辆总辆次}\times 100\% \tag{1-4}$$

交通部《道路运输车辆维护管理规定》（2001 年修正本）第 23 条规定：质量保证期内的车辆返修率应低于5%，这是交通行业管理规定的最低要求。各车辆维修企业或汽车运输企业维修分公司等要根据承修车辆的平均技术等级和维修技术状况确定各自的返修率指标定额。

11. 车辆抛锚率

车辆抛锚率是指以车辆每行驶 100 万 km，途中抛锚的次数，单位为抛锚次数/100 万 km。车辆抛锚不仅会造成重大的经济损失和服务投诉，更关键的是会危及行车安全。车辆途中抛锚与车辆的结构设计、驾驶员的驾驶技术、维修质量和道路条件等有关。

12. 质量保证期

质量保证期包括新车质量保证期和维修车辆维修质量保证期。《营运客车类型划分及等级评定》（JT/T 325—2010）规定：公路客车和公共汽车新车按投入营运之日起计算质量保证期，如表 1-2 和表 1-3 所示。交通部 7 号令《机动车维修管理规定》规定了汽车维修竣工出厂的质量保证期，如表 1-4 所示。

公路客车新车的质量保证期 表 1-2

公路客车等级	质量保证期	
	质保里程(万 km)	质保年限(年)
高三级	12	1
高二级	10	
高一级	8	
中级	7	

注:1. 质保里程或日期指标以先到者为准。
2. 上述质保期限是行业的最低要求。

公共汽车新车的质量保证期 表 1-3

公共汽车等级	质量保证期	
	质保里程(万 km)	质保年限(年)
高二级	14	2
高一级	11	1.5
中级	7	1.2
普通级	5	1

注:1. 质保里程或日期指标以先到者为准。
2. 上述质保期限是行业的最低要求。

汽车维修质量保证期 表 1-4

项　　目	质量保证期	
	里程(万 km)	天数(天)
整车或总成修理	20000	100
二级维护	5000	30
一级维护、小修	2000	20

注:1. 质保里程或日期指标以先到者为准。
2. 上述质保期限是行业的最低要求。

第二章　车辆使用管理

教学目标：

1. 掌握新车购置的流程；
2. 掌握车辆合理使用的方法；
3. 熟悉车辆报废登记的流程。

第一节　车辆购置管理

车辆是现代汽车运输企业从事运输生产的物质技术基础，是运输企业的主要生产设备。企业要获得良好的经济效益和社会效益，就必须合理地组织运输生产，也就必须有合适的运输车辆。因此，企业应分析运输市场的发展情况，结合当地的油料供应、运量、运距和道路、气候等社会和自然条件，制订车辆使用和采购规划，合理配置与择优选购车辆，并做好车辆的分配和投入使用前的技术准备工作，充分发挥车辆的效能，提高运输单位的经济效益。

一、购车申请

汽车运输企业车辆购置管理包括购车申请、新车选型、合同签订、接车验收、上牌办证和档案建立等过程中进行的一系列管理。《汽车运输业车辆技术管理》规定：凡需购置营业性运输车辆的单位和个人，应事先向交通运输管理部门提出申请，经审核批准后，方可购置。未经交通运输管理部门批准购置的车辆，不予签发营运证。因此，企业制订了营运车辆采购计划后，首先应该向交通运输管理部门提出购置申请，得到批准后才能进行后续的工作。以上海市客车新增额度取得为例，其新增途径如图 2-1 所示。

二、新车选型

1. 车辆的合理配置

汽车运输企业要获得良好的效益，就应合理配置车辆，即根据其所承担运输任务的性质、运量、运距、道路、气候和油料供应情况等综合条件，合理安排运输车辆的构成比例，如大型车辆、中型车辆和小型车辆的比例，汽油机车和柴油机车的比例，通用车和专用车的比例等。企业通过合理规划和采购，优化车辆的构成，才能充分发挥车辆的利用率，满足运输市场的需要，提高其经济效益和社会效益。车辆合理配置的标志主要有：

(1) 车型先进、安全可靠、旅客上下(或货物装卸)方便。

(2) 车辆的规格齐全，适应当地客(货)源需求，且配置比例合理，利用率高。

(3) 车辆的使用成本低。

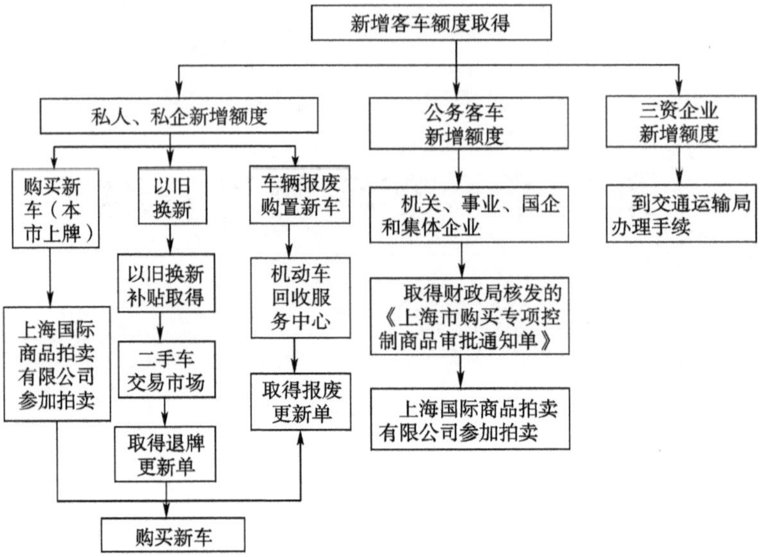

图 2-1　上海市客车新增额度取得途径

(4)车辆的应变能力强，既能完成正常的生产任务，又能完成特殊任务。

2. 新车购置的原则

对于汽车运输企业，合理配置运输车辆后，还需对所要采购的车辆进行择优选购。择优选购是指根据运输生产需要和运行条件，从车辆的适应性、可靠性、动力性、经济性、维修方便性和产品质量等各个方面，选择和购买性价比高的车辆。车辆是关系到汽车运输企业主要生产设备优劣的关键问题，应从实际出发，按需选购，讲究实用可靠，达到少投入多产出、经济效益良好的目的。车辆购置的基本原则如下：

1)生产适用原则

生产适用原则包含三层含义：一是选购的车辆要符合生产经营的需要，即"用得着"。因此选购车辆前应首先考虑具体的运输经营要求，同时制订本企业车辆发展规划，进行有计划的购置，使运力与运量保持平衡，避免盲目购置造成闲置。二是要充分考虑到车辆的使用条件，如营运区域内的道路、桥梁、渡口、地理条件和气候条件等，避免购置的车辆"用不上"，或者不能充分发挥其效能，造成不必要的浪费。三是根据市场运营情况，适时调整车辆配置的构成比例。通过合理选配不同类型和不同档次的车辆，达到最佳配比关系，以适应市场需求。

2)经济合理原则

合理选购的目的，就是使车辆有较长的经济使用寿命，且在整个使用期内有最好的经济效益。因此，选型时既要考虑降低车辆的购置费用，又要考虑降低车辆在使用过程中的总体费用，即使寿命周期总费用最低。

国家报废标准规定的汽车使用年限只是为汽车运输企业提取固定的资产折旧提供依据，运输企业因其更新投资能力、从事营运的利润率高低和投资回收周期的不同，确定出的汽车经济使用寿命也不尽相同。如投资回收能力强、周期短，可选用大型高效的进口车辆，且适当缩短车辆的经济使用周期，做到大投入、多产出、高效益。如基建工程的大型自卸车、高速公路运营的大型豪华客车等，在选型时都应遵循高标准、高效率和高利润原则，使车辆的经济寿命周期与产品的更新换代同步。而对于更新投资能力差、投资回收时间长的汽车运输企业，在汽车选型时应考虑选用性能适中、维护性能好的车辆，并通过精心使用和维护，延长汽车的经济使用寿命。

3）维修方便原则

维修方便主要指具有较高的使用、管理和维修水平以及较强的维修配件供应能力。

（1）使用、管理和维修的水平。车辆使用、管理和维修能力的强弱，对所选车型的性能有重大影响。一辆性能再好的汽车，随着行驶里程的增加，技术状况也会逐渐变差。为了使汽车经常处于良好的技术状况，延长其使用寿命，就应合理地使用、正确地维修。汽车本身性能好、有适宜的运行条件，汽车的维修工作量就会小一些、维修费用就会少一些，反之就会多一些。而此目标的实现依赖于高水平的使用、管理和维修技术以及先进的维修设备和充分的维修配件供应。

现代汽车的发展，对汽车的使用、管理以及维修水平的要求越来越高，特别是对高级轿车和结构复杂的特种专用车辆的使用与维修水平要求更高。在我国，汽车的维护与修理制度强调检测诊断设备使用的重要性。所采用的检测诊断和修理设备不同，维修人员水平的高低，对于汽车维修质量的影响非常大。另外，车辆技术水平越先进，设备越复杂，所需维修设备和维修人员的水平就越高，尤其是进口高级车辆，往往需要使用专门的检测诊断设备才能进行维修。因此，在选购车辆时，除考虑满足性能和使用要求外，还应结合本企业的使用、管理水平，本企业和本地区配套的维修企业的设备和技术水平，参考确定所选车型。

（2）维修配件的供应。在用汽车的完好率和维修配件的供应情况同样对选型至关重要。在用汽车的完好率高低除了与本车质量和使用水平等有关外，还与配件供应能力和配件质量有直接关系。国产汽车的配件供应充分，配件质量容易识别，价格也比较合理，而一些进口汽车配件的供应不够充分，质量和价格的差异也很大。因此，购车时应注意选择维修配件供应充分的车型，还应注意车辆的进货渠道和售后服务质量。

4）技术先进原则

技术先进原则是指车辆在当前和今后一个时期，主要的使用性能指标和技术性能指标是先进的或者比较先进的，能够体现出车辆优良的动力性、安全性、可靠性、乘坐舒适性、操作方便性和节能环保性。

3. 新车选型的方法

1）根据国家法规选型

汽车运输企业采购的车辆应符合国家法律法规和标准的规定。我国有关车辆的法律法规和标准较多，如安全强制性标准共有68项，其中主动安全标准25项，包括灯光、制动和转向三方面；一般安全标准23项，包括视野、指示器与信号装置、车辆结构和防盗三方面；被动安全标准20项，最引人关注的是碰撞标准。这些标准规定了车辆必须具备的安全装置及其性能特点，所购车辆必须满足上述强制性要求。部分安全标准如表2-1所示。

《中华人民共和国道路运输条例》规定：客运经营者、货运经营者应当使用符合国家规定标准的车辆从事道路运输经营。《中华人民共和国节约能源法》规定：国务院有关部门制定交通运输营运车船的燃料消耗量限值标准；不符合标准的，不得用于营运。现阶段，我国实行营运车辆油耗准入制度。从2011年3月1日起，凡是进入道路运输市场、总质量大于3.5t小于49t的车辆，不管老车型还是新车型，运输管理部门在配发《道路运输证》时将对燃料消耗量限值进行核查，没有进入《燃料消耗量达标车型表》的车辆将无法销售给用于道路运营的用户。这一举措从源头上限制了高油耗车辆进入运输市场，督促汽车运输企业选用低油耗的车辆。有利于提升运输企业的竞争力，提高运输行业的发展质量。

汽车安全标准(部分) 表2-1

标准分类	标准类别	标 准 名 称
主动安全标准	照明与光信号装置	GB 4599—2007 汽车用灯丝灯泡前照灯
		GB 4660—2007 汽车用灯丝灯泡前雾灯
		GB 5920—1999 汽车及挂车前位灯、后位灯、示廓灯和制动灯配光性能
		GB 15235—2007 汽车倒车灯配光性能
		GB 15766.1—2000 道路机动车辆灯丝灯泡尺寸、光性能要求
		GB 4785—2007 汽车及挂车外部照明和光信号装置的安装规定
		GB 11554—2008 机动车和挂车用后雾灯配光性能
		GB 17509—2008 汽车及挂车转向信号灯配光性能
		GB 18408—2001 汽车及挂车后牌照板照明装置配光性能
		GB 18099—2000 汽车及挂车侧标志灯配光性能
		GB 11564—2008 机动车回复反射器
		GB 19151—2003 机动车用三角警告牌
		GB 21259—2007 汽车用气体放电光源前照灯
	制动转向轮胎	GB 21260—2007 汽车用前照灯清洗器
		GB 16897—2010 汽车软管的结构、性能要求及试验方法
		GB 12676—1999 汽车制动系统结构、性能和试验方法
		GB/T 13594—2003 汽车防抱制动系统性能要求与试验方法
		GB 17675—1999 汽车转向系统基本要求
		GB 5763—2008 汽车用制动器衬片
		GB 9447—2007 载重汽车轮胎
汽车被动安全标准	座椅安全带	GB 15083—2006 汽车座椅、座椅固定装置及头枕强度要求和试验方法
		GB 13057—2003 汽车座椅及其车辆固定件的强度
		GB 24406—2009 专用小学生校车座椅及其车辆固定件的技术要求
		GB 14166—2003 机动车成年乘员安全带和约束系统
		GB 14167—2006 汽车安全带安装固定点
	车身	GB 9656—2003 汽车用安全玻璃
		GB/T 17578—1998 客车上部结构强度的规定
		GB 11552—2009 乘用车内部凸出物
		GB 11566—2009 乘用车外部凸出物
		GB 15086—2006 汽车门锁及车门保持件的性能要求和试验方法
	防火	GB 15084—2006 机动车辆后视镜的性能和安装要求
		GB 8410—2006 汽车内饰材料的燃烧特性
	碰撞	GB 18296—2001 汽车燃油箱安全性能要求和试验方法
		GB 11551—2003 乘用车正面碰撞的乘员保护
		GB 20071—2006 乘用车侧面碰撞的乘员保护
		GB 20072—2006 乘用车后碰撞燃油系统安全要求

标准分类	标准类别	标 准 名 称
汽车一般安全标准	视野	GB 15084—2006 机动车辆后视镜的性能和安装要求
	指示与信号装置	GB 15082—2008 汽车用车速表
		GB 4094—1999 汽车操纵件、指示器及信号装置的标志
		GB 15472—2001 机动车用喇叭的性能要求及试验方法
		GB 15741—1995 汽车和挂车号牌板(架)及其位置
	车辆结构与防盗	GB 1589—2004 道路车辆外廓尺寸、轴荷及质量限值
		GB 13094—2007 客车结构安全要求
		GB 18986—2003 轻型客车结构安全要求
		GB 7258—2012 机动车运行安全技术条件
		专用小学生校车安全技术条件
		GB 15740—2006 汽车防盗装置
		GB 16735—2004 道路车辆 车辆识别代号(VIN)
		GB 16737—2004 道路车辆 世界制造厂识别代号(WMI)
汽车环保与节能标准	污染物排放	GB 14762—2008 重型车用汽油发动机与汽车排气污染物排放限值及测量方法(中国Ⅲ、Ⅳ阶段)
		GB 17691—2005 车用压燃式、气体燃料点燃式发动机与汽车排气污染物排放限值及测量方法(中国Ⅲ、Ⅳ、Ⅴ阶段)
		GB 3847—2005 车用压燃式发动机与压燃式发动机汽车排气烟度排放限值及测量方法
		GB 18285—2005 点燃式发动机汽车排气污染物排放限值及测量方法(双怠速及简易工况法)
		GB 14763—2005 装用点燃式发动机重型汽车燃油蒸发污染物排放限值及测量方法(收集法)
		GB 11340—2005 装用点燃式发动机重型汽车曲轴箱污染物排放限值及测量方法
		GB 20890—2007 重型汽车排气污染物排放控制系统耐久性要求及试验方法
	噪声	GB 1495—2002 汽车加速行驶车外噪声限值及测量方法
		GB 14-23—2006 车辆、船和由内燃机驱动的装置的无线电骚扰特性的限值和测量方法
		GB 18655—2002 用于保护车载接收机的无线电骚扰特性的限值和测量方法

2)根据用途选型

汽车是一种应用范围非常广泛的现代化交通运输工具,而我国地域辽阔,各地区、各部门的条件千差万别。汽车运输企业为了适应其运输条件,对所需汽车的结构和形式的要求也就各不相同。

汽车运输可分为旅客运输和货物运输。从旅客运输的角度看,对应的营运客车分为客车和乘用车两类,如图 2-2 所示。客车按车长分为特大型客车、大型客车、中型客车和小型客车四种;乘用车不分类型。而对于不同的乘坐人员,有着不同的乘坐舒适性的需求,因此,客车又可分为高级客车、中级客车和普通级客车等,如表 2-2 所示。

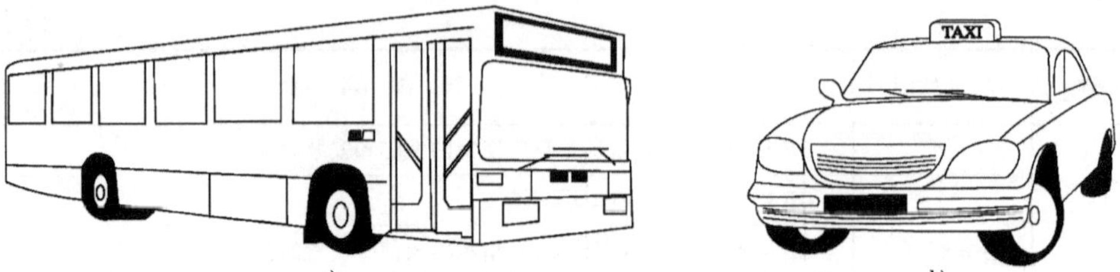

a) b)

图 2-2 营运客车类型

a)客车;b)乘用车

营运客车的类型与等级 表 2-2

类型	客车																		轿车			
	特大型					大型					中型				小型							
车长 L(m)	$13.7 \geq L > 12^*$					$12 \geq L > 9$					$9 \geq L > 6$				$6 \geq L > 3.5$				—			
等级	高三级	高二级	高一级	中级	普通级	高三级	高二级	高一级	中级	普通级	高二级	高一级	中级	普通级	高二级	高一级	中级	普通级	高二级	高一级	中级	普通级

注:* 按照《道路车辆外廓尺寸、轴荷及质量限值》(GB 1589—2004)规定。

旅客运输企业在采购新车时,首先就要确定选择哪些类型和级别的客车。对于城际间高速公路、国省干线客运以及旅游客运,应购买高级客车。采用全承载式客车车身,配备ABS、ASR、缓速器、盘式制动器、空气悬架、冷暖空调和下置式行李舱等设施。车内座椅应可以调节靠背姿势,带有可调式搁脚垫,前后座椅间距在800mm以上。对于舒适性要求较高的线路,还应选装卫生间、电视、饮料机、微波炉、冰箱、影视系统等人性化的配置,同时装备安防录像监控器、GPS以及行车记录仪等设施,既满足了旅客的需求,也满足了车辆营运和安全管理的需要。对于城乡客运和农村客运则应逐渐调整为以中级客车为主。市区小型客运车和乘用车应具备使用方便、乘坐舒适、经济性好和噪声低等特点;公共客车应具备大车厢、大容量、多站位、宽通道和多车门上下方便等特点。

从货物运输的角度看,对应的车型则更为广泛。按照用途分为牵引车、普通货车、多用途货车、越野货车、专用作业车和专用货车等,如图2-3所示。按照车厢的样式分为平板车、仓栏车、厢式车、半挂车、自卸车等。货物运输企业应根据所运输货物的批量、运距、季节性、种类和特性等来确定货车的类型。货物的种类和特性主要是指其结构、形状、密度、存在形式及物理属性等,如散装/件装、固态/液态、笨重/轻泡、易腐蚀/鲜活。笨重的货物应使用低拦板货车运输;轻泡类的货物应使用高栏板长货厢货车运输;液体、散装类的货物应使用专用车如罐式、厢式车以及自卸车等货车运输。

3)根据地理条件、道路条件和气候条件选型

汽车运行的地理条件、道路条件和气候条件等对其行驶性能的发挥有很大的制约作用,在某些自然环境下汽车甚至会完全丧失使用能力。不同的车型、同一车型配备不同的装置或选用不同的参数指标,在同一自然环境下其行驶能力和使用效果会有很大的差别。

(1)高原地区。在正常海拔高度(一般低于3000m)范围内,汽车的发动机能正常工作。但在海拔上升到一定高度时,由于气压和空气密度的下降,会造成发动机汽缸充气不足,汽缸压力下降,发动机功率随之下降。同时,由于汽缸充气不足,使混合气变浓,燃油燃烧不充分,从而使油耗增加。由于大气压力降低,发动机冷却液的温度在远低于100℃时就会沸腾,

引起散热器中冷却液的蒸发损耗量增大,冷却效果减弱。因此,汽车运输企业应选择购买高原型汽车,或者对发动机系统进行过相应改进的汽车。

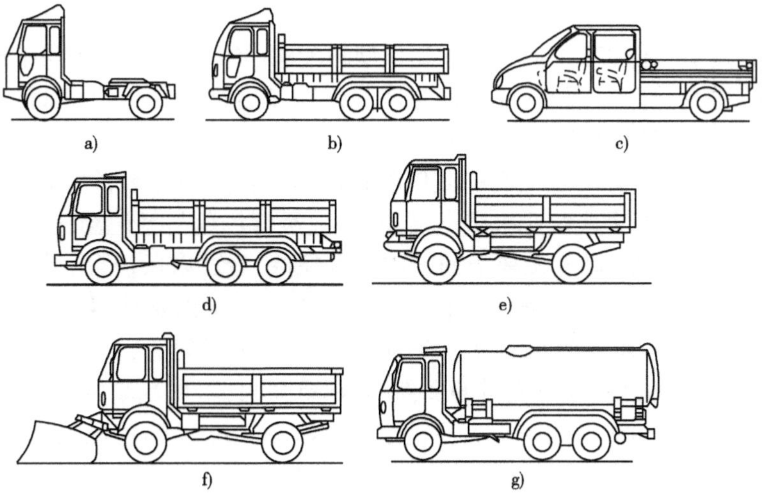

图 2-3 货车的类型

a)半挂牵引车;b)普通货车;c)多用途货车;d)全挂牵引车;e)越野货车;f)专用作业车;g)专用货车

(2)道路条件复杂地区。良好的道路条件会提高车辆的运行效率,而复杂的道路条件会对汽车的使用性能提出更高的要求。

矿山、建筑工地和农林地区一般都是低等级临时路面,特点是道路泥泞、路面起伏高低不平、坡度变化也较大。汽车在这样的路面上行驶,驱动轮与路面的附着力变小,车轮的滚动阻力增大,燃油消耗增加;在下坡时对制动系统也提出更高的要求。汽车通过性的好坏与驱动轮数、车速、轮胎的气压和花纹等有直接关系。汽车驱动力的大小取决于驱动轮的附着重力和车轮与地面附着系数。因此,对于经常在上述道路条件下使用的车辆,应注意选择具有底盘质量上乘、结实耐用、通过性好的车辆。矿山和建筑工地尤其应选用自卸车。

(3)多雨地区。对于货物运输,如果没有有效的避雨措施,会给某些货物造成极大的损坏,使财产受损,也降低了客户的服务质量满意度。所以,经常在多雨地区运行的车辆,应具有密封性好、防雨的厢式车厢或高栏板带篷布的车厢。

(4)高温地区。高温条件会对汽车各系统的工作状况有很大的影响。外界气温高,发动机冷却系散热困难,发动机容易过热,导致燃烧状况变差,功率下降;润滑油黏度降低,使有相对运动的零件之间润滑性能变差,加剧零件磨损,使机体变热;高温下,液体挥发加快易使供油系产生气阻,使发动机油耗量增大,使制动系产生气阻,制动性能下降。而驾驶员在高温和通风条件不好的情况下长时间驾车,更容易引起疲劳。因此,购买常在高温地区使用的汽车,应选择通风性好、散热器容积大、带内置汽油泵和空调等的车型。旅客运输企业更要充分考虑乘客的舒适性,选购空调性能好的客车。

(5)高寒地区。高寒地区低温条件对汽车各系统的工作状况也有很大的影响。在低温条件下,润滑油黏度增大,各相对运动机件的阻力增大、磨损加剧;蓄电池电解能力降低使蓄电池工作能力降低;燃料的蒸发性变差使发动机起动困难,燃油消耗量增加。而高寒气候会使道路被冰雪覆盖,对汽车的制动性能和防滑性能提出更高的要求。所以,在高寒地区选择车型时,应注意选用保暖性好、蓄电池容量大、带暖风装置、带辅助起动装置和预热装置的汽车,同时加装防滑链。

三、合同签订与接车验收

1. 合同签订

新车车型选定后，通过对比多家供应商车型的配置、价格、售后服务与维修配件供应、供应商管理与合作关系等关键因素，即可确定购买。购车合同是保证供应商与消费者双方权益的一个重要依据，在签订时应注意以下事项：

(1)保持各种名称一致。供应商的诚信度直接影响合同的正常履行情况，在买车时要询问或查看供应商的《企业法人营业执照》、注册资本、经营场地与登记场地的一致性等。确认供应商的盖章名称与购车合同、发票上的名称三者保持一致，以保护自己的合法权益。

(2)详细填写车辆的信息。汽车的品牌、汽车的十七位识别代号(Vehicle Identification Number，VIN)、发动机号码等汽车本身应有的信息，车辆主要配置、颜色(具体到座椅内饰的颜色)、手动挡或自动挡以及随车交付的文件等，都要写明，防止汽车供应商调包。

(3)明确价款。车辆交易的费用项目较多，如裸车价、车辆购置税、保险费和牌照费等。如由供应商代办保险、贷款、竞拍牌照、上牌、装潢、取车或送车等有关购车事务，还有代办费。因此，应写明车辆交易的总价款是裸车价或是包牌价。另外，还要明确是否有加急费、手续费、运费或出库费等项目，有无免费项目或折扣等，且应写明付款方式和期限。对于进口车辆，则不能简单地写进口原装，最好写明制造地，因为不同的制造地在质量和价格上有很大的差异。

(4)明确交车的时间、地点、方式、售后服务、交付时出现车辆质量问题和交车手续问题等的处理方法。交车时，购车者除拿到钥匙和汽车外，还应该拿到：汽车销售发票、机动车出厂合格证、进口汽车的海关进口证明和商品检验单、保修卡和保修手册、随车工具和附件清单、车辆行驶证或移动证、车辆使用说明书、产品使用说明书和保险单等。售后服务是指供应商应承担的义务、免费保养是以时间计还是以里程计。

(5)明确违约责任。违约责任是合同权利的门锁，购车合同中一定要明确违约责任，要约定处理违约行为的方式和合同的管辖地。如明确供应商改变交车方式或延期交车时是赔付还是退车，应赔付多少违约金等。应明确该车存在质量缺陷需修理、更换或收回时供应商如何承担义务。如果由供应商代办各种手续，应明确代办期间出现车辆意外损失等，供应商如何承担责任。明确如果退车，如何处理已交纳的税费等。

(6)明确合同生效的条件。一般来说，购车合同经当事人签字或者盖章即生效，但也可以约定签字、盖章后达到某种条件生效。如贷款购车，可以约定银行同意贷款后生效等。

此外，如果供应商提供的合同不太规范，消费者也可以就未尽事宜与供应商签订补充协议。

2. 接车验收

汽车出厂时，虽然已按规定进行了检查和验收，但在运输过程中也可能造成意外的损伤。为了分清责任，确保汽车安全可靠地运行，在新车接收时应进行检查和验收。主要内容如下：

(1)检查随车资料。按照车辆购置合同和车辆使用说明书的规定，对照车辆清单或装箱单进行验收，清点随车工具和附件(如车轮罩和灭火器)等。进口汽车的随车资料主要有进口商检证、说明书和货检单等；国产汽车的随车资料包括出厂证、合格证和说明书等。

检查汽车的发动机号、识别代号/车架号、产品合格证上的车辆识别代号和出厂日期等是否和原车一致,钢印号是否整齐、无修改痕迹。出厂日期是标志该车从生产线上完成装配的日期,从出厂日期上可以判别其是否为积压车。如果买车的日期和出厂日期比较接近,说明该车较新。另外,车型、发动机功率和座椅数量等都应要求说明书和实物一致。

(2)检查轮胎。新车的里程表上显示行驶了 10 ~ 20km 是正常的,可以认定是零公里的新车。因为汽车厂家在试车、进出库、装载时要消耗掉一定的里程。新车的轮胎,即便是轮胎制造过程中产生的细小痕迹以及刺状的突起,也是完全没有磨损的。通过观察轮胎的磨损、底盘的清洁程度和脚踏板可以判别该车是否作过样车。

(3)观察是否有滴漏。打开发动机罩,观察发动机汽缸体、汽缸盖和油底壳有无润滑油渗漏,散热器周围有无水渍,蓄电池接线柱附近有无污染和锈蚀,空调管路的接口处有无尘土粘附等。观察转向节附近有无渗油,万向节的防尘套是否完好,减振器周围有无尘粒粘连,减振橡胶有无变形。观察变速器和驱动桥的外壳是否有渗漏的痕迹或地面是否有滴油的痕迹。

(4)检查车门和车窗。车门关闭时,若发出沉闷的砰砰声音,说明车门工艺精湛,密封性良好;若关门时发出清脆的啪啪声,说明车门工艺不好,密封性差。检查车窗玻璃升降是否平顺,角落边缘有无锈迹。

(5)检查车身。观察发动机罩、行李舱盖以及车门的缝隙是否均匀;边角有无漆瘤或鼓包;线条是否清晰明快。从侧面迎着光线观察,了解车身的弧线是否圆滑,棱线是否笔直。外观有无脱焊、掉漆、锈蚀或刮碰痕迹。检查易受碰撞部件是否有损坏或重新喷漆痕迹,防止供应商把返修车当新车出售。

(6)检查转向盘、仪表和灯光。坐进驾驶室,用手上下晃动转向盘,不应有窜动现象;左右转动转向盘,应有一定的自由行程,且符合使用说明书的要求。观察仪表板和仪表的装配是否工整、无歪斜。检查遮阳板、杂物箱和烟灰缸等的开合是否顺畅。打开点火钥匙至一挡,仪表板上所有的指示灯应该全亮。油量指针应该有上升的变化。打开故障警报灯,应有节奏地闪动;扳动转向开关和雾灯开关,灯光应点亮;挂倒挡,倒车灯应点亮;踩下制动踏板,制动灯应点亮。检查刮水器在中、低、高各速度上应工作正常,喷水器出水应通畅。按动喇叭,声音应柔和动听。打开收录机,先开到最小音量,听音响对细小声音的分辨能力;然后开到最大音量,听喇叭是否失真。

(7)检查脚踏板。在汽车和发动机静止状态下,检查加速踏板是否反应灵敏;离合器踏板是否过硬过沉;离合器踏板和制动踏板是否有一定的自由行程;踩下制动踏板到极限,有无继续向下的感觉,若有,说明制动油路有问题。三个踏板均应回位迅速且无卡滞的现象。

(8)试车。怠速时,重点检查发动机怠速是否平稳、转速表转速是否符合说明书要求,踩下加速踏板,听声音是否为由小变大,且比较柔和;检查加速性能好坏。汽车运行期间,检查转向盘的转向灵敏性和操纵轻便性;检查制动系的制动效果,紧急制动时是否仍能维持方向的稳定性;检查悬架及其减振器的缓冲减振效果;感觉乘坐的舒适性。

四、上牌办证与档案建立

《中华人民共和国道路交通安全法》规定:机动车经公安机关交通管理部门登记后,方可上道路行驶,尚未登记的机动车,需要临时上道路行驶的,应当取得临时通行牌证;准予登记的机动车应当符合机动车国家安全技术标准;申请机动车登记时,应当接受对该机动车的安全技术检验;驾驶机动车上道路行驶,应当悬挂机动车号牌,放置检验合格标志、保险标志,并随车携带机动车行驶证。因此,购买了机动车要上路行驶,必须遵守相关法律、法规的规定,才能使机动车行驶合法化。

1. 上牌办证

汽车运输企业购买新车时,需到当地机动车辆管理所申请机动车注册登记。应填写《车辆注册/转入登记申请表》(表2-3),交验机动车,并提交所需证明和凭证。车辆管理所应当自受理申请之日起两日内,确认机动车,核对车辆识别代号拓印膜,审查提交的证明和凭证,核发机动车登记证书、号牌、行驶证和检验合格标志。

车辆注册/转入登记申请表　　表2-3

<table>
<tr><td colspan="3">申请事项</td><td colspan="5">□ 注册登记　　□ 转入</td></tr>
<tr><td rowspan="4">机动车所有人</td><td colspan="2">姓名/名称</td><td colspan="3"></td><td>联系电话</td><td></td></tr>
<tr><td colspan="2">住所地址</td><td colspan="3"></td><td>邮政编码</td><td></td></tr>
<tr><td colspan="2">身份证明名称</td><td></td><td>号码</td><td colspan="2"></td><td>□ 常住人口
□ 暂住人口</td></tr>
<tr><td colspan="2">居住/暂住证明名称</td><td></td><td>号码</td><td colspan="3"></td></tr>
<tr><td rowspan="5">机动车</td><td colspan="2">机动车使用性质</td><td colspan="5">□ 公路客运 □ 公交客运 □ 出租客运 □ 旅游客运 □ 租赁客运 □ 货运
□ 非营运 □ 警用 □ 消防 □ 救护 □ 工程抢险 □ 营转非 □ 出租营转非</td></tr>
<tr><td colspan="2">机动车获得方式</td><td colspan="5">□ 购买 □ 仲裁裁决 □ 继承 □ 赠与 □ 协议抵偿债务 □ 中奖 □ 资产重组
□ 资产整体买卖 □ 调拨 □ 境外自带 □ 法院调解、裁定、判决</td></tr>
<tr><td colspan="2">机动车品牌型号</td><td colspan="5"></td></tr>
<tr><td colspan="2">车辆识别代号/车架号</td><td colspan="5"></td></tr>
<tr><td colspan="2">发动机号码</td><td colspan="5"></td></tr>
<tr><td rowspan="3">相关资料</td><td>来历证明</td><td colspan="4">□ 销售/交易发票 □(调解书) □(裁定书) □(判决书)
□ 相关文件 □ 批准文件 □ 调拨证明 □(仲裁裁决书)</td><td colspan="2" rowspan="4">机动车所有人签章:

(个人签章、单位盖章)

年　月　日</td></tr>
<tr><td>进口凭证</td><td colspan="4">□(货物进口证明书) □(没收走私汽车、摩托车证明书)
□(中华人民共和国海关监督车辆进(出)境领(销)牌证证明书)</td></tr>
<tr><td>其他</td><td colspan="4">□ 国产机动车的整车出厂合格证 □ 机动车档案 □ 身份证明
□(协助执行通知书) □(公证书)</td></tr>
<tr><td>申请方式</td><td colspan="5">由机动车所有人申请
机动车所有人委托 ________ 代理申请</td></tr>
<tr><td rowspan="7">代理人</td><td colspan="2">姓名/名称</td><td colspan="5"></td></tr>
<tr><td colspan="2">住所地址</td><td colspan="2"></td><td>联系电话</td><td colspan="2"></td></tr>
<tr><td colspan="2">身份证明名称</td><td></td><td>号码</td><td></td><td colspan="2" rowspan="5">代理人签章:

(个人签字、单位盖章)

年　月　日</td></tr>
<tr><td rowspan="4">经办人</td><td>姓　名</td><td colspan="3"></td></tr>
<tr><td>身份证明名称</td><td></td><td>号码</td><td></td></tr>
<tr><td>住所地址</td><td colspan="3"></td></tr>
<tr><td>签　字</td><td colspan="3">年　月　日</td></tr>
</table>

汽车运输企业需提交的证明和凭证如下：

(1)车主的身份证明资料，即《组织机构代码证书》，有时还应带上公章。由代理人代理的，还需提交代理人身份证明原件和复印件（代理人为单位的，还需提交经办人身份证明原件和复印件），以及机动车所有人的书面委托材料。

(2)车辆的来历证明。

①汽车运输企业在国内统一采购并调拨到下属单位未注册登记的机动车，其来历证明是全国统一的机动车销售发票和该部门出具的调拨证明。

②汽车运输企业在国外统一采购并调拨到下属单位未注册登记的机动车，其来历证明是该车销售单位开具的销售发票及其翻译文本，但海关监管的机动车不需提供来历证明。

(3)国产机动车的整车出厂合格证明或者进口机动车的进口凭证。

机动车出厂合格证，是证明该车为正规汽车厂家生产的、在国家汽车目录中注册的合格产品。

①国产机动车整车出厂合格证明，是指按照《车辆生产企业及产品公告》发布的，国产机动车整车出厂时随车的机动车产品合格证。

②国家限定口岸进口机动车的进口凭证是指国家限定口岸海关签发的《货物进口证明书》；其他进口机动车的进口凭证，是各口岸海关签发的《货物进口证明书》；海关监管的机动车的进口凭证，是监管地海关出具的《中华人民共和国海关监管车辆进（出）境领（销）牌照通知书》。

(4)车辆购置税的免税证明或完税证明。

车辆购置税是对在我国境内购置规定车辆的单位和个人征收的一种税，购置时或投入使用前须缴纳，每车只征收一次。

车辆购置税的纳税人为购置（包括购买、进口、自产、受赠、获奖或以其他方式取得并自用）应纳税车辆（包括汽车）的单位和个人，基本税率为10%，应纳税额的计算公式为：国产车购置税 = 车辆计税价格×税率；进口车购置税 =（到岸价 + 关税 + 消费税 + 增值税）×税率。完税之后会领到一张“代征车辆购置税收据”和一张“车辆购置税完税证明”，如图2-4所示。

图2-4　车辆购置税完税证明

(5)机动车交通事故责任强制保险凭证。

(6)法律、行政法规规定应当在机动车注册登记时提交的其他证明和凭证。

不属于经海关进口的机动车和国务院机动车产品主管部门规定免予安全技术检验的机动车，还应当提交机动车安全技术检验合格证明。

车辆管理所完成机动车登记证书、号牌、行驶证和检验合格标志的发放后，汽车运输企业应到道路运输管理机构处办理车辆营运证。车辆营运证是从事道路运输经营活动的车辆的合法凭证，车辆没有营运证就是无证经营。道路运输车辆应当随车携带车辆营运证。

2. 车辆技术档案管理

汽车运输企业车属单位必须将新置车辆的购车发票、车辆购置税及其他费用发票、车辆登记证书的原件和行驶证、营运证等证件的复印件，一并交企业机务技术管理职能部门办理固定资产入账和车辆档案登记手续。车辆技术档案是指车辆从购置到报废整个过程中记载车辆基本情况、主要性能、运行使用情况、检测和维修记录、主要部件更换情况、技术等级评定、类型及等级评定(营运客车)、变更情况以及交通事故处理等有关车辆资料的历史档案。车辆基本情况、维修记录、主要部件更换情况、技术等级评定、变更情况以及交通事故处理表格分别如表 2-4 ~ 表 2-10 所示。

车辆基本情况登记表

表 2-4

共 2 页　(第 1 页)

<table>
<tr><td rowspan="4">车主名称</td><td>车主名称</td><td></td><td>运输证号</td><td></td><td>发证日期</td><td></td></tr>
<tr><td>名称变更 1</td><td></td><td>运输证号</td><td></td><td>变更日期</td><td></td></tr>
<tr><td>名称变更 2</td><td></td><td>运输证号</td><td></td><td>变更日期</td><td></td></tr>
<tr><td>名称变更 3</td><td></td><td>运输证号</td><td></td><td>变更日期</td><td></td></tr>
<tr><td rowspan="4">车牌号码</td><td>车牌号码</td><td></td><td>注册日期</td><td></td><td></td><td></td></tr>
<tr><td>牌号变更 1</td><td></td><td>变更日期</td><td></td><td></td><td></td></tr>
<tr><td>牌号变更 2</td><td></td><td>变更日期</td><td></td><td></td><td></td></tr>
<tr><td>牌号变更 3</td><td></td><td>变更日期</td><td></td><td></td><td></td></tr>
<tr><td colspan="2">车 牌 颜 色</td><td></td><td colspan="4" rowspan="6">粘贴初次或变更《道路运输证》时，车辆正面偏右侧 45°角的 3 寸彩色照片</td></tr>
<tr><td colspan="2">运 力 来 源</td><td></td></tr>
<tr><td colspan="2">经营组织方式</td><td></td></tr>
<tr><td colspan="2">经 营 范 围</td><td></td></tr>
<tr><td colspan="2">经 济 类 型</td><td></td></tr>
<tr><td colspan="2">初次建档时间</td><td></td></tr>
</table>

注：1. 运力来源是指新增、转籍或过户。

2. 经营组织方式是指公车公营、自营、承包、租赁或挂靠。

3. 经营范围分为国内客运、国内货运和国际运输。国内客运又分为县内班车客运、县际班车客运、市际班车客运、省际班车客运、县内包车客运、县际包车客运、市际包车客运、省际包车客运、县内旅游客运、县际旅游客运、市际旅游客运、省际旅游客运或出租客运；国内货运又分为普通货运、集装箱货运、冷藏保鲜货运、罐式容器货运、大型物件运输、危险货物运输或非经营性危险货物运输；国际运输分为国际定期班车客运、国际不定期班车客运、国际货物运输或国际危险货物运输。

4. 经济类型是指国有、集体、私营、个体、联营、股份制、外商独资，中外合资、中外合作、港资、澳资、台资或其他。

车辆基本情况登记表　　表2-5

共2页　(第2页)

车辆类型		厂牌型号		车身颜色	
VIN(或车架)号		国产/进口		发动机号	
发动机型号		燃料种类		发动机排量	L
发动机功率	kW	额定转速	r/min	发动机扭矩	N·m
额定扭矩转速	r/min	转向形式		前/后轮距	/mm
轮胎数/规格	/	轴　距	mm	钢板弹簧数	后轴：　片
满载总质量	kg	整备质量	kg	核定载质量	kg
核定乘员数	人	准牵引质量	kg	出厂日期	
最高车速	km/h	百公里油耗	L/100km	转向轮转角	内/外　°
二级维护周期	km/　天	变速器形式		悬架形式	前：　/后：
燃料电喷装置		前照灯制式		气/液压制动	
防抱制动装置		驱动形式		车轴数	
车辆外廓尺寸	长度：　宽度：　高度：　mm				
货厢内部尺寸	长度：　宽度：　高度：　mm				
制造厂名称					

注:1. 变速器形式是指手动、自动或手自动一体化。
2. 悬架形式是指独立或非独立。
3. 燃料电喷装置是指有或无(电子控制喷射)。
4. 前照灯制式是指两灯制或四灯制。
5. 防抱制动装置是指有或无ABS。
6. 驱动形式是指车辆车轮总数×驱动车轮总数,同一轮毂上安装两个轮胎的,按一个车轮计。

车辆维修登记表　　表2-6

共　页　第　页

维修合格证签发日期	维修类别	二级维护主要附加作业内容或总成修理内容	维 修 单 位	登记人签名

注:车辆维修类别栏应填一级维护、二级维护、大修或总成修理。

车辆主要部件更换登记表　　表2-7

共　页　第　页

更换日期	更换主要部件名称、型号(规格)及厂名	维 修 单 位	登记人签名

车辆等级评定登记表 表 2-8

共　页 第　页

评定日期	车辆技术等级	客车类型及等级	评 定 单 位	登记人签名

车辆变更情况登记表 表 2-9

共　页 第　页

变更日期	变 更 事 项	变 更 内 容	登记人签名

注：本表适用于除车主名称、道路运输证号和车牌号码以外的变更事项的登记。

车辆交通事故登记表 表 2-10

共　页 第　页

事故发生日期	事故发生地点	事故性质	事故责任	事故原因及车辆损坏情况	直接经济损失（元）

注：1. 事故性质是指特大事故、重大事故、一般事故或轻微事故。

2. 事故责任是指全部责任、主要责任、同等责任、次要责任或无责任。

《中华人民共和国道路运输条例》、《道路货物运输及站场管理规定》以及《道路旅客运输及客运站管理规定》要求：道路运输经营者应当建立车辆技术档案，对相关内容的记载应当及时、完整和准确，不得随意更改，并妥善保管，作为车辆定期审验和监督检查的依据之一。汽车运输企业通过车辆技术档案了解车辆的使用性能、技术状况，掌握车辆使用、维修的规律，可以为维修改造和配件储备提供技术数据和科学依据，也可以为评价机务技术管理水平高低提供依据，还可以为汽车制造厂提供产品质量反馈信息。因此，车辆技术档案的管理是一项重要的基础工作，应认真做好。

汽车运输企业各车辆使用单位应建立健全车辆技术档案，落实专人负责车辆技术档案的管理与记录。车辆从购置到报废全过程的技术管理应系统记入档案中。车辆档案应妥善保管，认真填写，及时记录，确保档案的完整和准确，不得随意更改。建立车辆技术档案，督促、安排定期维护，及时修理。

第二节　车辆使用与报废管理

一、营运车辆的使用管理

所有营运车辆在使用过程中，其装备必须符合《机动车运行安全技术条件》（GB 7258—2012）和《汽车运输业车辆技术管理规定》（交通部第 13 号令）的相关要求，并保证齐全完好,不得私自增减。在索赔期内,车辆应严格按照制造厂规定的技术要求使用。如发生损坏,应及时作出技术鉴定,属于制造厂责任的,由维修部门配合机务管理部门按规定程序向制造厂提出索赔。

1. 新车使用前的准备工作

(1)进行一次全面检查,根据制造厂的固定进行清洁、润滑、紧固和必要的调整。

(2)组织驾驶员和维修人员进行技术培训,掌握车辆的结构和性能特点、驾驶操作的要点和维修的方法;编制驾驶操作和维修规程。

(3)配备必要的附加设备和安全防护装置。

2. 新车走合管理

走合期是指新车开始投入运行的最初阶段,此时汽车正处于磨合状态,还不能满足全负荷运行的需要。汽车的走合期实质上是为了使汽车向正常使用阶段过渡而进行的磨合阶段,通常用行驶里程表示。汽车制造厂均规定了走合期里程,通常为1000~2500km。

汽车运输企业机务技术管理人员应做好对驾驶员上车前的技术培训,使其严格遵守新车走合期的有关规定,熟知车辆的各项性能,做到心中有数,确保运行安全。走合期行驶的规定包括减轻载质量、限制行驶速度、选择优质燃料和润滑材料以及正确驾驶等。

(1)减轻载质量。新车均有减载的具体规定,载质量一般不应超过额定荷载的75%。如货车按照额定载质量减载20%~25%,半挂车按照额定载质量减载25%~50%。汽车在走合期内禁止拖带挂车或牵引其他机械和车辆。走合期荷载的规定见表2-11。

走合期荷载和行驶速度的规定 表2-11

行驶里程(km)	荷　载	各挡行驶速度所对应的发动机转速(r/min)
0~200	空载	不超过额定转速的50%
200~800	不超过额定荷载的50%	不超过额定转速的50%
800~1500	不超过额定荷载的75%	不超过额定转速的75%
1500~2500	满载	不超过额定转速

(2)限制行驶速度。各挡位应按汽车使用说明书的规定控制车速,通常按照各挡位最大行驶速度降低25%~30%。新轮胎也必须经过磨合才能达到最佳的附着状态,因此在轮胎使用的最初100km内,汽车应以适中的速度行驶,确保轮胎磨合良好,提高其使用寿命。

(3)选择优质燃料和润滑材料。为了防止汽车在走合期产生爆燃而加速机件磨损,应采用优质燃料。另外,由于部分机件配合间隙较小,故选用低黏度的优质润滑油可使摩擦工作表面得到良好润滑,应按在走合期内的维护规定及时更换润滑油。汽车运行时,应注意润滑油的压力和温度,有异常情况应及时排除。

(4)正确驾驶。驾驶员必须严格执行驾驶操作规程,保持发动机正常的工作温度。严禁拆除发动机限速装置。起动发动机时不要猛踩加速踏板,待冷却液温度升到50~60℃后再起步。要注意选择路面,避免紧急制动。

走合期内应注意加强维护。走合期维护的重点是检查、紧固、调整和润滑等。要特别注意做好日常维护工作,经常检查、紧固各部位的螺栓、螺母等,注意各总成在运行时的温度和声音的变化,并及时进行调整。

3. 汽车正确驾驶管理

汽车良好的技术状况和正确合理的驾驶操作是节能降耗的技术保障和关键。驾驶员要做到正确合理地驾驶操作车辆。同样的条件下,不同的驾驶水平,车辆的油耗量会相差5%~

15%。正确合理的驾驶操作方法要领是:全神贯注,轻踩缓抬,平稳起步、及时换挡,匀速行驶,合理滑行,少用制动,冬季预热升温,正确使用空调,合理跟车与超车。

4. 油料消耗管理

制定车辆燃油、润滑油消耗定额,可以充分调动机务技术管理人员的主动性和创造性。

(1)柴、汽油等燃料的消耗占汽车运输企业运输成本的25% ~30%,所以节约燃料对降低汽车运输成本具有重要的意义。

影响汽车燃料消耗的因素可概括为两个主要方面,即汽车的性能和汽车的使用因素。汽车发动机中,汽缸压缩压力、配气相位、供油系和点火系的技术状况都对油耗有较大的影响;底盘总成如变速器和主减速器的技术状况对燃料消耗有较大的影响;行驶系总成,如轮毂轴承、制动器间隙、前轮定位、轮胎气压等技术状况对燃料消耗有较大的影响;制动系出现制动拖滞也会影响燃料的消耗。

机务技术管理人员应收集和记录汽车燃料消耗的原始数据,并根据道路条件、车型结构、发动机型号、车辆成新率、气温变化和实载率等因素制定车辆燃油消耗定额,对驾驶员实行节油奖励制度,调动其节油的积极性。在油料保管过程中应减少浪费,燃油的装罐、运输、入库、保管、领发和盘存等各个流转环节都应建立责任制,完善手续,杜绝各环节的燃油流失现象。建立健全燃油领发制度,采购质优价廉的油料。完善油料库存管理,降低库存占用资金。实行全员参与的全过程管理,杜绝浪费现象。

(2)发动机润滑油的消耗占运输成本的1% ~3%。润滑油本身的消耗费用不大,但能减少运动机件的摩擦和磨损,从而减少发动机的功率消耗、降低燃油消耗以及延长机件的使用寿命。

润滑油是由矿物基础油和合成基础油加上多种特效添加剂混合而成的,合成油的性能比矿物油好。经混合而成的发动机润滑油,必须符合机械摩擦所需的各种润滑性能,如表2-12所示。

发动机润滑油的润滑性能 表2-12

润滑性能	性能描述	加入量
黏度性	在较高温度和较低温度下使用时都有较好的流动性	2% ~10%
清净分散性	能抑制氧化胶状物和积炭的产生	2% ~5%
抗磨性	零件表面的油吸附性能和抗磨损性能	1% ~2%
抗氧化性	抑制有机酸的生成并能在金属表面形成保护膜	2%
抗泡性	防止发动机在搅拌和飞溅时产生泡沫	2% ~3%

润滑油的合理使用主要指润滑油的正确选用、消耗控制和及时更换。在选择润滑油的使用性能级别时,应考虑发动机的性能、结构、工作条件和燃料的品质等因素;在选择润滑油的黏度级别时,主要应根据气温、发动机的工况和技术状况等确定。应合理制定润滑油消耗定额,并根据该定额考核驾驶员的润滑油消耗量。润滑油的更换实行在油质监测下的定期换油,必要时在用发动机润滑油可提前报废。

实行全员参与的全过程管理,杜绝润滑油的浪费现象。在油料保管过程中应减少浪费,各个流转环节都应杜绝润滑油的流失。建立健全润滑油料领发制度,采购质优价廉的油料。完善油料库存管理,降低库存占用资金。

5. 轮胎管理

轮胎的使用费用占运输成本的10% ~15%,因此合理使用轮胎、提高轮胎的使用寿命,对降低运输成本具有重要意义。同时,保持轮胎良好的技术状况有利于确保行车安全、降低行驶阻力和减少燃油消耗。合理的轮胎管理主要体现在以下方面:

(1)综合考虑车辆配置的要求、轮胎的价格和质量等,合理选购新胎。

(2)新胎入库保管时,应竖放在胎架上,禁止平置堆叠而产生变形。应保持适当的温度和湿度,注意通风,不应将轮胎和油品、易燃物、强酸强碱以及油漆等存放在一起。

(3)加强驾驶员的驾驶操作技能培训,保护轮胎。起步应平稳,避免轮胎在路面上滑移;尽量减少制动,避免紧急制动;选择较好的路面行驶,控制车速。

(4)加强对轮胎的维护管理。加强轮胎的日常维护,勤查气压、胎温、清理石子和填塞小洞,保持正确的胎压;重视底盘的检查与调整,保持正确的前轮定位参数,轮辋无变形,轮胎平衡,轮毂轴承松紧度合适;结合二级维护,按照一定的顺序进行轮胎换位,使所有轮胎合理承载和均匀磨损,延长其使用寿命。

(5)同一根车桥两端的轮胎应具有相同的规格和天候(夏季或冬季用),更换时应同时更换或所有车轮同时更换。双胎并装时也应具有相同的规格和天候。斜交胎和子午线胎不得混装,新胎和翻新胎不得混装,不同车型的轮胎不得混装或代用。公路客车、旅游客车和校车的所有车轮和其他机动车的转向轮不得使用翻新胎;高速公路用车应使用子午线胎,不得使用翻新胎。

(6)建立轮胎技术状况记录卡,考核轮胎实际行驶里程和使用情况。根据统计资料,分析轮胎早期损坏和异常磨损的原因,不断总结正确的使用技术,推广先进的驾驶经验与维修技术。

(7)轮胎花纹深度最小值要求:大客车前轮胎5mm、后轮胎3mm;小型和中型客车前轮胎4mm、后轮胎2.5mm;乘用车和微型车前轮胎3mm、后轮胎1.6mm。

(8)轮胎胎侧出现连续裂纹无法修复或不规则起鼓的,胎面已磨损或损坏无法继续使用或翻新的,或胎体断裂的,都应予以报废。

(9)轮胎管理的台账报表应包括轮胎综合台账,查胎查气记录表,维护、小修和拆装记录表,报废轮胎报表以及轮胎气压标准值参照表等。

6. 营运车辆维护管理

车辆维护遵循强制维护的原则,实行日常维护、一级维护和二级维护等三级维护制度。目的是保持车容整洁,及时发现和消除故障隐患,防止车辆早期损坏。机务技术管理人员应根据车辆的使用条件、运行强度和燃润料的品质,科学、合理地制订车辆一级维护和二级维护的周期、维护周期的间隔里程以及维护作业内容。

(1)做好日常维护。日常维护由驾驶员在每天出车前、行车中和收车后负责执行日常例行的清洁、补给和安全检视作业。日常维护以清洁、补给和安全检视为作业中心内容,要求驾驶员对汽车外观和发动机外表进行清洁;对各润滑部位、燃油、冷却液、胎压进行检查与补给;对传动、制动、转向、悬架、灯光、喇叭和信号等安全部件进行检视,发现问题及时维修。机务技术管理人员应经常抽查日常维护实施情况,并录入《车辆日常维护检查记录单》。还应经常组织日常维护竞赛,督促做好该项工作,并纳入驾驶员个人考核。

(2)做好一级维护。一级维护由维修人员负责实施。作业内容除日常维护作业外,以清洁、润滑和紧固为主,并检查有关制动和操作等安全部件;按规定力矩检查和紧固各螺栓螺母;按规定补给润滑油和润滑脂,保持良好的润滑条件。驾驶员应根据车辆的行驶里程数或间隔时间适时提出一级维护申报。一级维护完成后应记录在车辆技术档案中。

(3)做好二级维护。二级维护由维修人员负责实施。作业内容除一级维护作业外,以检查和调整安全部件为主,并拆检轮胎,进行轮胎换位,检查和调整发动机工况以及排放污染控制装置。二级维护前,应结合车辆维护记录进行不解体的检测诊断和技术评定,确定附加作业或小修作业项目,结合二级维护一起进行。季节性维护也应结合二级维护一起进行。驾驶员应根据车辆的行驶里程数或间隔时间适时提出二级维护申报。机务技术管理人员应严格执行二级维护计划,并记录在车辆技术档案中。

二级维护应进行过程检验和竣工检验,并做好检验记录。应按照相应的技术要求和标准进行检验,不合格的需返工。竣工检验合格后,应在维修记录表上签章,并做好维修档案记录。

(4)车辆维护与小修费用考核管理。机务技术管理人员组织对车辆的行驶里程定额、维护与小修费用的核算,根据核算结果对驾驶员进行奖励或惩罚。

7. 营运车辆维修管理

汽车运输企业进行汽车维修的目的是及时排除故障,恢复车辆的技术性能,节约运行消耗,延长其使用寿命,确保安全生产。

车辆发生故障时,应先上报所属部门,填写车辆维修申报单,注明故障部位和故障现象。经部门负责人签字确认后,由当班驾驶员凭此申报单送车至维修中心或修理分公司进行修理。维修作业流程大致如图2-5所示。维修部门的检验员应根据车辆维修申报单、维修记录以及驾驶员反映的技术状况,对车辆进行故障诊断,初步确定维修方案,联系维修人员进行维修。并签发派工单,在派工单上注明派工时间、维修项目、维修工时和承修人等情况。

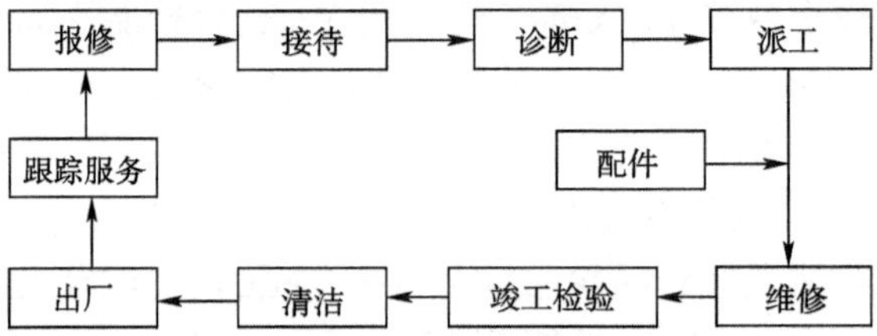

图2-5 维修作业流程

车辆维修部门应严格遵守《机动车维修管理规定》,按规定的作业规范或车辆使用说明书的要求进行维修作业。在车辆维修过程中,对车辆的油、电路情况要作为重点项目进行检查,发现问题及时排除。车辆维修部门要建立和完善车辆维修质量管理制度,强化内部管理,改进服务质量,履行承诺约定,提高维修技能,牢固树立安全、质量、服务为重的理念。车辆维修时,必须由专职检验人员对车辆实行进厂时、维修过程中、出厂前的三次检验工作,认真填写检验记录。

维修单位的检测诊断设备应能满足车辆在不解体情况下确定其工作能力和技术状况,以及查明故障或隐患的部位和原因。检测诊断的主要内容包括汽车的安全性(制动、侧滑、转向和前照灯等)、可靠性(异响、磨损、变形和裂纹等)、动力性(车速、加速能力、底盘输出功率、发动机功率、扭矩、供给系和点火系状况等)、经济性、噪声和废气排放状况等。

二、营运车辆的报废管理

车辆经长期使用,技术性能变坏,小修频率高,运输效率降低,燃料消耗增加,维修费用增高,经济效益不好。因此,车辆使用后期必然导致报废,车辆报废应严格掌握车辆报废的技术条件，任何提早报废必然造成运力的浪费，过迟报废则增高运输成本，影响更新，也不符合经济原则。

1. 营运车辆强制报废制度

我国对营运车辆实行强制报废制度。营运车辆符合报废条件或经过长期使用、车型老旧、性能低劣，影响运行安全的，必须报废。

2012 年发布的《机动车强制报废标准规定》自 2013 年 5 月 1 日起施行。有关营运车辆使用年限以及行驶里程如表 2-13 所示，达到规定使用年限的强制报废，达到一定行驶里程的引导报废。

营运车辆使用年限以及行驶里程参考值　　表 2-13

<table>
<tr><th colspan="4">营运车辆类型和用途</th><th>使用年限(年)</th><th>行驶里程(万 km)</th></tr>
<tr><td rowspan="16">汽车</td><td rowspan="12">客运</td><td rowspan="3">出租车</td><td>小、微型</td><td>8</td><td>60</td></tr>
<tr><td>中型</td><td>10</td><td>50</td></tr>
<tr><td>大型</td><td>12</td><td>60</td></tr>
<tr><td colspan="2">租赁车</td><td>15</td><td>60</td></tr>
<tr><td rowspan="3">教练车</td><td>小型</td><td>10</td><td>50</td></tr>
<tr><td>中型</td><td>12</td><td>50</td></tr>
<tr><td>大型</td><td>15</td><td>60</td></tr>
<tr><td colspan="2">公交车</td><td>13</td><td>40</td></tr>
<tr><td rowspan="3">其他</td><td>小、微型</td><td>10</td><td>60</td></tr>
<tr><td>中型</td><td>15</td><td>50</td></tr>
<tr><td>大型</td><td>15</td><td>80</td></tr>
<tr><td colspan="2">专用校车</td><td>15</td><td>40</td></tr>
<tr><td rowspan="4">货运</td><td colspan="2">微型</td><td>12</td><td>50</td></tr>
<tr><td colspan="2">轻、中型</td><td>15</td><td>60</td></tr>
<tr><td colspan="2">重型(包括半挂牵引车和全挂牵引车)</td><td>15</td><td>70</td></tr>
<tr><td colspan="2">危险品运输车</td><td>10</td><td>40</td></tr>
<tr><td rowspan="3">挂车</td><td colspan="3">全挂车、危险品运输半挂车</td><td>10</td><td>—</td></tr>
<tr><td colspan="3">集装箱半挂车</td><td>20</td><td>—</td></tr>
<tr><td colspan="3">其他半挂车</td><td>15</td><td>—</td></tr>
</table>

达到报废条件的汽车应一律强制予以报废。需要报废的营运汽车，由主管部门或委托有条件的单位组织技术鉴定，技术鉴定应实事求是，认真执行。

对需要报废而尚未批准的营运汽车，要妥善保管，严禁拆卸或挪用其任何零件和总成。对于已经批准或确定报废的营运汽车，交通运输管理部门应及时吊销营运证，收回维修卡，并在车辆技术档案中记录报废的原因、批准文号、汽车折旧(净值)等项内容。

2. 营运车辆报废程序

(1)由车辆使用部门提出车辆报废申请，经企业批准同意后办理报废手续。

(2)报废车辆原则上应交售给报废机动车回收拆解企业处置，由回收企业开具报废汽车回收证明。各车辆使用部门凭报废汽车回收证明，办理相关牌证的注销；企业职能部门做好固定资产的销账手续，并向有关部门争取老旧汽车报废更新补助。

(3)对于尚有使用价值的报废车辆，经企业核准同意后，并符合有关部门的车辆转户条件的，可办理转户手续。

第三节 节能减排管理

一、节能减排的意义和目标

对于汽车运输企业而言，节能减排是指节约能源、降低能源消耗和减少污染物排放。保护生态环境，减少资源浪费，提高资源利用率对于我国的可持续发展具有非常重要的意义。节能减排已成为全球共识，节约能源，保护环境和循环经济已经涉及每个公民、每个家庭、每个社区、每个企业、每个地区乃至整个民族。因此，必须以最小的资源环境代价发展经济，以最小的经济成本保护环境，用发展的思路解决资源环境矛盾。

交通运输部制定了道路运输行业节能减排目标：到 2015 年，与 2005 年相比，营运货车单位运输周转量能耗下降 12%，营运客车单位运输周转量能耗下降 3%。为实现这一目标，交通运输部从控制营运车辆燃料消耗量着手，限制高能耗车辆进入道路运输市场。2008 年完成了两项强制性交通行业标准：《营运客车燃料消耗量限值及测量方法》(JT 711—2008)和《营运货车燃料消耗量限值及测量方法》(JT 719—2008)的制定工作，自 2008 年 9 月 1 日起实施。

汽车行业对石油的需求可占到全球石油产品总消耗量的 1/3 以上，汽车产品的节能已成为汽车技术亟待解决的首要问题。汽车运输企业的油料消耗约占全国五大运输方式总量的 50% 左右，是耗油大户，因此也是节能减排的重点企业之一。为了创造更高的经济效益和社会效益，推动企业的可持续发展，必须努力推行绿色经济和循环经济，提高企业的资源利用效率，降低资源的消耗。

二、节能减排的途径

1. 加强对节能减排的宣传和组织管理

只有认识到节能减排的重要性，才可能做好这项工作。因此，汽车运输企业要把节能减排工作重要性、紧迫性的宣传教育作为节能减排的首要任务。节能减排，企业是主体。节能减排工作在汽车运输企业能否得到贯彻和落实，取决于企业的领导；职能部门的素质是关键因素，生产一线的员工则是直接因素。只有这三个要素在思想认识上达成一致，目标明确，才有可能将节能减排工作落到实处。

汽车运输企业要提高经营集约化和运输组织水平，淘汰高能耗和高排放的运输车辆，建立严格的能源管理制度，制定消耗定额，强化节能降耗管理。节能减排的组织落实，必须落实到单车、到人，才会有比较好的效果。因此，应加强汽车运输企业的节能减排管理。如实行驾驶员与车辆的“定车定人”制，树立节油典范，营造节能降耗氛围等。

2. 选购技术含量高的车辆

车辆是汽车运输企业从事生产经营的物质基础，也是节能减排的基本保证。车辆选购正确合理可使企业降低运行成本，提高经济效益；反之，则增加运行成本，降低经济效益。

(1)符合节能减排标准是企业选购车辆的基本原则。选购车辆时应尽可能选用柴油发动机汽车、混合动力汽车或电动汽车等。柴油发动机的热效率比汽油发动机高，柴油发动机汽车的百吨公里、百车公里油耗均比汽油发动机汽车低30% ~40%，节能减排优势明显。混合动力汽车和电动汽车的排放性能好，尤其适合在城市运行，有利于减少城市空气污染，提高社会效益。

(2)降低整车质量是汽车节能降耗最有效的途径。汽车质量越小，行驶阻力就越小，油耗也就越低。在性能接近的情况下，选择轻量化的客、货车，对于节能降耗、提高企业的利润是非常有效的。

(3)降低空气阻力也是车辆节油的基本途径，对于经常在高速公路上行驶的客车，通过车身造型的优化降低行驶时的空气阻力，可以达到明显的节油效果。如车身外形的优化、车身高度和宽度的减小等，都可以降低空气阻力。

3.提高驾驶员节能减排的技术水平

驾驶员是汽车运输企业落实节能减排工作的直接因素。驾驶员是否具有节能减排的意识、能否进行节能减排操作，直接影响到企业节能减排的总体效果。因此，机务技术管理人员应对驾驶员进行这方面的教育培养，提高他们的节能减排意识和操作水平。

(1)开展驾驶员节能减排教育培训，使其牢固树立节能减排观念，时刻保持节能减排操作。督促驾驶员爱岗敬业，钻研驾驶技术，提高节油水平。要把驾驶员的节能减排业绩纳入考核体系。

(2)培养驾驶员良好的操作习惯。做到轻踩缓抬、平稳起步，保持正常的工作温度，保持经济车速、匀速行驶，避免紧急制动、少制动，及时换挡，正确滑行，合理使用空调。

(3)督促驾驶员做好车辆的日常维护工作。保持车容整洁，保持机油滤清器、空气滤清器、燃油滤清器和蓄电池的清洁。保持四轮定位正确、轮胎花纹和气压符合标准，油、电、气路工作正常，车辆有良好的滑行性能。注意仪表显示有无异常。及时发现故障和报修。

4.提高维修人员节能减排的技术水平

车辆的维护是保持车辆良好技术状况的关键。要加强车辆的一、二级维护，应教育维修人员认识到维护作业对于维持车辆良好的技术状况、实现节能减排的重要意义，督促按照规范进行维护操作，提高车辆的完好率和利用率。组织进行节能减排技术创新。

5.严格把好维修配件、燃油以及润滑材料的质量关

车辆使用过程中，燃油、润滑材料、轮胎以及维修配件等的质量会直接影响车辆的技术状况，从而影响汽车的节能减排效果。因此，应严格制定物资采购规程，采购时把好各物资的质量关，杜绝假冒伪劣产品进入车辆使用各环节造成的危害。另外，物资采购是要有合理的库存，以减少运输企业的库存资金占用量。

6.提高轮胎资源的利用效率

作为汽车运输企业，其经营成本中，轮胎消耗占了较大的比重。因此，应不断提升和完善轮胎使用水平，降低轮胎使用的成本；另一方面，应不断提高轮胎资源的利用效率，减少环境污染。

1)统一采购、专人负责

汽车运输企业应采取统一采购、专人负责的方式，有效降低轮胎使用第一个环节的采购成本。

2)降低滚动阻力

车辆一般通过降低行驶时的滚动阻力来实现节能降耗，滚动阻力主要来自轮胎。目前，

降低轮胎滚动阻力的主要措施有：

(1)使用无内胎子午线轮胎替代普通斜交胎。子午线轮胎增大了胎面与路面的接触面积，可减少胎面花纹滑动，提高横向稳定性。子午线轮胎的滚动阻力比普通斜交胎减小20%～30%，可实现节油3%～8%。目前子午线轮胎在公路/旅游客车上已全面采用，在城市公交客车领域也开始普及，实际节油效果显著。

(2)正确选择轮胎花纹。不同品牌的轮胎的花纹设计都不同，必须结合车辆使用的道路条件等来选配。如客车轮胎采用纵向花纹有明显的节油效果。

(3)保持正确的胎压。各种轮胎都有承受的负荷与气压的对应关系，车辆在使用过程中必须严格遵守。若胎压过高或过低，都会改变轮胎的接地面积，造成轮胎异常磨损，而且增加油耗。

3)合理使用翻新轮胎

使用翻新轮胎降低使用成本，减小环境污染。在国内，翻新一条旧轮胎的费用仅相当于一条新轮胎售价的50%～60%甚至更低，但其使用寿命为新轮胎的80%左右。因此，使用翻新轮胎不仅能实现废旧利用，节约资源，而且减少了废轮胎堆放或乱扔对环境的污染，在环境保护方面具有重要的意义。

4)合理安排车辆回厂整修

合理安排车辆回厂整修是指根据车辆使用的实际情况，结合使用年限，对车况进行评估，适时安排回原厂整修。如旅游客车的整修项目主要是对车身蒙皮、内外装饰以及地板进行全部换新。这样，既可保证整修车辆的质量，又可减少车辆的更新费用，且延长了车辆的使用寿命，从而大大降低了客车的采购成本。

第三章　维修生产经营管理

教学目标：

1. 掌握维修生产组织管理的内容；
2. 熟悉维修生产经营管理制度；
3. 熟悉维修经营管理的要点。

汽车运输企业车辆维修单位的生产经营管理包括对外经营和对内管理两个任务。车辆维修单位虽然属于汽车运输企业的一个组成部分，承担内部车辆的维修服务，但同时也具有开拓市场、进行经营性维修服务的有利条件。车辆维修单位应充分利用现有条件，大力发展对外维修服务业务，为企业创造效益。汽车运输企业车辆维修单位的组织形式可以是维修分公司，也可以是维修厂（保修厂）或维修车间，为了便于叙述，以下统称维修厂。

第一节　维修生产组织管理

一、维修厂的组建

车辆的维修组织形式取决于汽车运输企业的规模以及车辆维修需求。一般情况下，普通客（货）运车辆数目在100辆以上的企业，均应建立专用的汽车维修厂。这类企业如果没有自己的维修与机务技术管理系统，除维修费用较高外，还会受他人的制约，影响其主营业务的开展。对于车辆较少或驻地分散的企业，则可建立维修小组，主要承担车辆的小修及一、二级维护，车辆的大、中修采用委托在外修理方式。

汽车运输企业设立维修厂时，应按照《汽车维修业开业条件》（GB/T 16739.1—2004）的规定进行。如果设立一个具备一类或二类维修资质的汽车维修厂，则既可以对内部车辆进行维修，又可以对外经营维修业务，但应注意以下问题：

1. 办理汽车维修企业法人登记

汽车维修厂办理汽车维修企业法人登记后，才能对外维修车辆。汽车维修企业开业手续包含工商企业登记及税务登记，需要有固定的生产场地、设备及适当的注册资金。但汽车维修行业是一个特殊行业，由县以上道路运政管理机构负责管理，因此必须先取得道路运政管理机构认可，方可到工商行政管理部门和税务部门办理法人营业执照或工商执照及税务登记手续，大体办理程序如下：

（1）到县以上道路运政管理机构进行汽车维修企业立项申请，应提交的资料包括：

①经营项目（一般为汽车维修及配件销售）；

②营业场所、法人代表；

③注册资金(含资信证明或资金担保书);

④经营规模(职工人数)。

(2)运政管理机构应在30日内向立项申请人发出立项批准书或不予批准的书面答复,待获得立项批准后才可进行实质性筹建。

(3)筹建就绪后,再向道路运政管理机构进行开业申请,并填写《开业申请表》。需提交的资料为:

①分证、质检员证、价格结算员证等证件的复印件;

②质量管理机构、技术标准、生产工艺流程等相关资料;

③厂区平面图及工艺布局图等;

④租用厂房场地还应出具租用协议、合同,经营特约维修的还应提供特约维修合同。

(4)道路运政机构应在30日内做出维修企业类别审批。其中一类维修企业应由省道路运政机构审批,二类维修企业由地、市级道路运政机构审批,三类汽车维修企业由区、县级道路运政机构审批并核发"汽车维修业技术合格证"(或经营许可证)及汽车维修企业类别标志牌,领取购买"汽车维修合同","汽车维修技术检验单","汽车维修工时、材料费用明细表","汽车维修竣工出厂合格证"等相关单、证或样张。

(5)在取得营业执照或工商执照及税务登记后,方可开张营业。

2. 建立两套独立的财务核算系统

汽车维修厂对内维修属于汽车运输企业内部的一种生产方式,不存在经营性的业务关系,不需要单独纳税;对外维修则属于营业性的服务,应严格按照国家的税收政策缴纳税费。因此,对于既对内又对外开展维修工作的汽车修理厂,应有两套独立的财务核算系统。在对外维修时,在汽车维修配件的使用和工时费的收取上,应按照对外维修的渠道进行管理,单独记账,以便于企业内部财务核算以及对外维修的税费缴纳,两者不可混淆。

二、维修厂的组织结构

汽车运输企业维修厂能否高效运行,很大程度上取决于其组织结构。维修厂的组织结构就是指构成维修厂的各个要素的排列组合方式,即各部门和各层次间所建立的人与人、人与事的相互关系。维修厂组织结构的确定,主要考虑以下因素:

(1)生产规模的大小。

(2)生产技术水平及内在联系。

(3)生产经营的离散程度。

(4)企业的管理水平。

组织结构的类型较多,常见的有:

1. 直线制式

直线制式是指在结构中,职权由组织的上层直接流向下层,即上下层形成直线职权关系。这种结构的特点是指挥、管理的职能由上级行政负责人执行,一个下层部门只接受一个上级的领导。其优点是结构简单、联系便捷、权力集中、责任明确、命令统一。其缺点是要求主要负责人具备各种知识和技能。这种组织结构适用于车辆数较少(200辆以内)的企业。最简单的组织结构如图3-1所示。

其中,有的将机修又细分为发动机与底盘,后勤细分为经营与物资等,根据需要及管理而定。如企业车辆数在300辆以上,可增设车间或工段级,即由厂长管理车间主任或工段长，车间主任或工段长再管理生产小组组长。

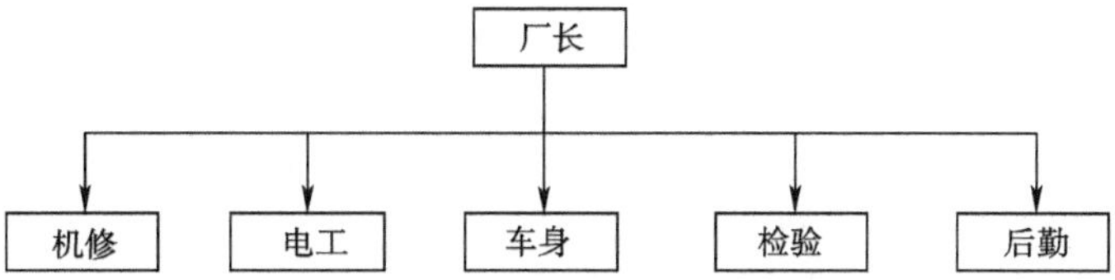

图 3-1 维修厂的直线制式组织结构图

2. 职能制式

职能制式组织结构依照职业化和专业化原则进行设计，采用专业分工的管理者来代替直线制的全能管理者。这种结构的特点是在组织内部设立职能部门，各职能部门在自己的职责范围内，代表企业进行业务管理，如下达指令，进行专项检查和考核，直接指导或指挥下级组织。下级的直线主管除了接受上级主管的领导外，还要接受上级各职能机构的管理领导，其结构形式如图 3-2 所示。

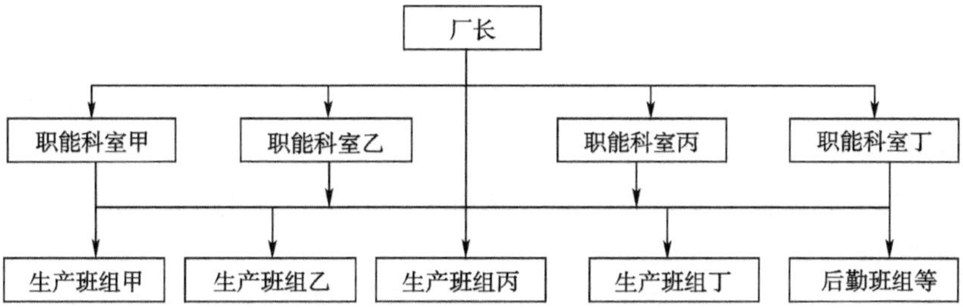

图 3-2 维修厂的职能制式组织结构

该结构的优点是充分利运用专业管理的作用，利用该方面的专才来进行管理，弥补了直线制对主要管理者必须“全才”的不足。一般适用于车数较多的专业维修厂，为便于管理，往往还设有副厂长，如生产经营副厂长、技术质量副厂长等。一般由厂长亲自兼管劳工、财务以及副厂长，副厂长按职责分管某些工作并管理相应的职能部门。其缺点是容易形成多头领导，不利于实现集中领导和统一指挥；作为基层的管理者，同时要接受上级直接领导及职能部门的指令，在上级间或部门间意见不统一时，执行指令的难度较大。

3. 直线职能制式

直线职能制式综合直线制和职能制的优点，把企业的管理机构和人员分成两套系统，一套是按照命令统一原则，形成直接指挥系统；另一套是按照专业化原则，组成职能系统。但职能系统对下不直接下达命令，只做业务指导和参谋，一般要在授权情况下才负责对下级进行检查、考核，如厂技术室。

直线职能制的优点是职责明确、权利集中、命令统一，对专业性强的部门设有参谋进行指导；其缺点是职能部门的积极性难以发挥。

三、维修厂的人力资源管理

人力资源管理是企业管理的一个重要组成部分，包括劳动定额、定员、劳动组织和劳动生产效率等内容。企业人力资源管理的任务是：合理组织劳动力，建立正常的劳动生产秩序，有效利用人力资源，开展技能培训，提高生产效率，制订合理的分配形式，调动员工的生产积极性，开展安全生产和劳动保护。

劳动管理的首要任务是制订劳动定额和确定劳动定员。定额是基础，定员是目的，有了定员才能进行实质性的生产组织、组合。

1. 劳动定额

劳动定额是指在一定的生产技术和组织条件下，生产单位合格产品所消耗的时间或在单位时间内生产合格产品的数量。在汽车维修过程中，可具体为维修一个总成或零件的有效工作时间或在一个工作日内根据工作分工及技术要求，一个人可维修多少个工作量(如一个电工可维护几辆车)的测算。在定额的制订中，要遵循先进、合理、适用的原则，要尊重具体的技术条件和设备来制订，要做到先进、合理。先进合理指经过努力，大多数员工可以达到，部分先进员工可以超额，少数技术条件差的员工也可基本达到，即既不冒进，也不过于保守。常用的工时定额测定法有以下 5 种：

(1)时间测定法。通过组织工人进行实作，采用实地观测统计工作时间和分析研究来确定定额。在实际测定之中，往往费时、费工，而且因人而异，因此应进行分析，适当增减相应工时。

(2)经验估工法。根据平时对相应工种、工位工作量的观察，结合实践经验来对工作量进行分析、估算，简单易行，但准确性较差。

(3)类推比较法。根据对同类型或相似工作量的测定，采用类比的方法，推算修正另一工作内容的定额。

(4)统计分析法。依据历史数据或其他单位生产同类产品的工时消耗的统计资料，进行统计、分析、调整、制订定额的方法。

(5)定额标准资料法。根据成套的时间定额标准，通过对作业要素的分解，找出各自对应的项目及时间值，最后求出工序或操作时间定额的方法，对于汽车修理，要根据车型及设备条件进行修正。

2. 劳动定员

定员工作是劳动管理的一个重要部分。先进合理的定员标准可以发挥最大的经济效益。企业定员一般分为管理人员、生产人员、技术人员和后勤服务人员，其中管理人员要根据生产规模及管理层次来定，生产工人要根据劳动定额来定，技术人员要根据需要来定，后勤服务人员要根据岗位来定。要合理确定各类人员的比例关系，严格控制非生产人员及岗位，推行兼职、兼岗、一人多岗，杜绝因人设岗。

根据汽车维修业开业条件规定，汽车整车维修企业，企业管理负责人、技术负责人及检验、业务、价格核算、维修(机修、电器、钣金、油漆)等关键岗位至少应配备一人，检验人数应与其经营规模相适应，其中至少应有一名总检验员和一名进厂检验员。新组建维修厂的员工招收应分阶段进行，其中对生产工人的招收，不能按测算定员人数一次招齐，要留有调节的余地。根据经验，除特殊工位、工种以外，其余人员第一次只能招收预测人数的 70% ~ 80%，待运行一段时间后，通过验证再作调整补招，以免造成劳动力过剩的被动局面。

3. 员工素质

人员素质是维修质量的关键，按有关规定，所有汽车维修技工及特殊岗位人员都必须经过行业主管部门培训，并取得从业资格证书，持证上岗。其中管理负责人还应熟悉汽车维修业务，具备经营管理能力及组织能力，并了解汽车维修法规及相关的技术标准。技术负责人应具有汽车维修或相关专业大专以上文化程度，具有汽车维修或相关专业的中级以上专业技术职称，熟悉汽车维修工艺，掌握汽车维修标准和车辆竣工检验标准，了解汽车结构及原理。检验人员应由熟悉汽车结构及原理，了解检验标准、方法，会运用专用汽车检测仪器对汽车进行检测判定，有汽车修理经验、身体健康且敢于坚持原则的员工担任。汽车维修工，主要包括发动机维修工、底盘维修工、汽车电工及空调维修工、钣金工、漆工等工种。一般要求对该工种的维修工艺、技术标准及对常见故障的处理较为熟悉，具有独立操作能力及敬业精神。在人员选配及班组搭建时，注意每一个班组应有一定比例的中、高级技工。

4. 员工工资分配形式

员工工资分配形式应以任务考核的方便性及可操作性来确定，修理厂内大致可采用以下3类形式：

(1)计件工资制。对于便于计量的生产任务，如发动机大修、车辆保养等，可实行计件工资制，即制订出每台、每辆的单位工资，再乘以工作量。对于工作量不恒定，如车辆小修数量及故障内容的随机性很大，不便计量，为了调动小修人员的工作积极性，消除任务来时的推诿现象，可采取另一种形式的计件工资、实行小组工资总额包干封顶，然后按小组成员每人完成工作量的多少进行再分配，具体做法为：先对各类常见故障确定维修工时作为工时定额标准，如更换汽缸垫2h，更换制动蹄片每副1.5h等，按照当日作业项目及数量而不以当日实际完成时间作为工作量（小时）予以记录，月末将全组人员的工作量总数除以小组月工资总额，得出每小时工作量的工资值，再乘以每人的工作量，即为当月分配。

(2)岗位工资制。对不便计件、也不便以每人工作量进行计算的工种，如总成维修人员、后勤人员、办公室人员等，则以岗位工资办法，即逐一确认每一岗位的具体工资进行分配。

以上两种分配方式所求出的工资分配值均为理论工资，即根据生产量所应得工资，然后还要根据质量评价、生产成本管理、文明生产管理等专项考核情况，按照相关规定予以减扣，最后才为实得工资。这样做的目的主要是向员工灌输全面完成任务的思想，克服只求数量，不顾成本和质量的现象。

(3)专项奖励或津贴。包括各类专项奖励或津贴，如技术津贴、劳保补贴等，随技术职称等级或所在岗位发放。各类专项奖励按照相关规定考核发放。

5. 员工考勤管理办法

为进一步健全和完善企业员工劳动出勤制度，严格劳动纪律，维护正常的生产、工作秩序，企业必须制订员工考勤制度，以保证员工的出勤率。员工考勤管理办法要点如下：

1)考勤规定

(1)制作考勤表，按月考勤。考勤分为：正常出勤（用“√”表示）、事假（用“×”表示）、病假（用“△”表示）、旷工（用“旷”表示）、迟到（用“迟”表示）、早退（用“早”表示），其他假均用汉字表示（各种假应于上班之前履行手续）。

(2)员工出勤必须在规定的出勤时间在指定的地点签到。

(3)考勤表必须经考勤员和所在部门负责人审核签字盖章后交人力资源管理部门，否则无效。

(4)考勤表及各种休假凭证应清晰、整洁、无涂改，若因特殊情况造成考勤失误而需更正的，应由考勤员出具书面说明，经所在部门负责人签字证实后方可更正。

2)请假规定

(1)员工请事假必须书面申请，写明事由、时间及天数，经批准后方可离岗。事假期间不发工资。

(2)员工请病假，必须先向单位请假，并出具病历、处方、医药发票和经市、区级医院医生开具的病假证明资料(缺一不可),方可认定休病假。

(3)急诊病假仅限当天有效。

(4)员工工作时间急需看病,必须出具书面请假条,经所在部门负责人签署意见后,方可离开生产、工作岗位。临时看病时间每月以小时累计,按病假处理。

(5)员工病假(含住院)期间的工资,按国家或企业规定计发。

(6)员工休婚假,应持结婚证明在企业工会登记,办理相关手续。婚假必须在一周年内休完,过期视作放弃。

(7)员工父母(含配偶父母)、配偶、子女亡故时,经本人申请,可休丧假5d。

(8)员工休计划生育假、产假、护理假(晚育者在产假期间,男方享有7d护理假)由企业工会登记、审核。

(9)凡符合有关政策规定享受探亲假的员工,由本人书面申请,经部门负责人签字,到人力资源部门办理探亲假手续。

(10)假期间待遇按有关政策规定执行。

(11)经生产安全部门指定医院检查诊断和国家劳动行政部门认可确认为工伤的,凭治疗期间的休假证明,方可按工伤假处理。工伤期间待遇及其相关事宜由生产安全部门按照国家工伤保险的有关政策法规审核、办理执行。

3)迟到、早退

(1)员工在10min(含10min)以内未按时上班的为迟到,提前下班的为早退。

(2)迟到、早退可根据岗位对生产的影响程度,分别按次数或累计时间处罚。

4)旷工

(1)员工未经部门负责人同意无故不上班、未按规定请假或各类假期期满而不按时回企业上班的为旷工。

(2)一次迟到或早退2~4h(含4h)的,视为旷工半天;迟到4~8 h的视为旷工1d。连续旷工15d及以上或全年累计旷工30d及以上的,解除劳动合同。

(3)员工旷工期间,停发工资及所有待遇。

5)相关事宜

(1)月度考勤情况由企业人力资源部门汇总,存档。

(2)各类假满,因特殊情况需续假的,应在假满前及时向原部门说明理由,并按审批程序经批准后可按事假处理。

(3)员工工作时间因公外出,应经所在部门负责人同意,填写好外出理由,方可离开工作单位或部门。

(4)事假、旷工不包括法定节日和双休日。

(5)病假(含住院治疗)、工伤假、探亲假、婚假、丧假、产假、计划生育假、护理假均包括法定节日和双休日。

(6)凡未按相关规定办理各类休假手续的,按旷工处理。

6. 企业技师的评聘

为加强生产现场技术管理及解决生产中的疑难问题,汽车维修厂内应有适当数量的维修技师,分别承担发动机、底盘、电工等关键工种的技术负责人并担任主修技工。技师的选聘途径一是企业内部,在取得国家职业鉴定机构颁发的技师证书的员工中选聘,另一个是向社会招聘。由于现已取得技师证的技师水平参差不齐,不论是对企业内部已获证员工,还是社会上的应聘技师,都应进行实际能力测试及答辩,并试用。测试及答辩的范围应包括机械基础知识,电子、电器知识,汽车构造与原理,故障判断程序及方法,检测仪器的使用及质量管理等基础知识。

1)受聘技师主要职责

(1)负责汽车维修标准及工艺的执行监督。

(2)负责对维修技工的技术指导、技术教育。

(3)负责对维修过程质量的检验、认可、仲裁。

(4)负责配件质量及旧件更换的认定。

(5)负责对车辆疑难故障的分析、判断、处理。

(6)负责对新型汽车、新设备、新装置的技术消化及维修技术操作示范。

(7)参与机损、机械事故的分析、鉴定。

(8)参与工时定额,工艺流程等企业标准的修改、制订。

(9)参与生产现场的安全文明生产管理。

2)对受聘技师的管理及考核

(1)技师每次聘期为1年,届满可申请续聘。

(2)受聘技师应每年写一份工作总结。

(3)聘周单位应每年对受聘技师进行一次考核。考核内容主要为工作表现、解决实际问题的能力、教学与技术分析能力。

(4)考核办法可由厂领导、班组长、检验员及维修技工代表分别按优秀、称职、基本称职与不称职几个档次进行无记名投票,按各层面80%以上称职率为续聘资格。

(5)续聘技师应张榜公布,并按相应规定发放技术津贴或工资。

7.劳动保护管理

劳动保护是指生产过程中为保护劳动者的健康与安全而采取的改善劳动条件,预防、消除事故,减少职业病而进行的工作和措施。包含三方面内容:安全生产、工业卫生和劳动保护。大致的工作内容为:

(1)改善劳动条件,减轻劳动强度。

(2)贯彻执行劳动法规。

(3)加强安全生产管理,采取安全生产措施,保证员工生产安全。

(4)改善劳动环境,开展职业病预防,定期对有毒工种人员进行体检、疗养。

(5)建立员工健康档案,定期开展对员工进行体检;定期发放劳保用具、用品。

(6)建立企业劳动保护制度等。

劳动保护工作涉及员工切身利益,做好了可赢得员工的人心,增加企业的凝聚力;做得不好,违背了国家的相关劳动法规,会失去人心,甚至还有可能被告上法庭。因此,决不能马虎应付,应该高度重视,主动做好。

第二节　维修生产经营管理基本制度

汽车维修厂是一个对技术性、安全性以及经济性要求都相当高的部门,管理也较为复杂,必须建立标准化、规范化的管理机制,同时还应建立一套较为完整的规章制度。

一、维修质量管理考核制度

汽车维修厂的维修质量管理及其考核应达到制度化、日常化。

1. *质量考核办法的要点*

(1)车辆维修后,维修作业人员必须自检合格方能移交过程检验或竣工检验。

(2)维修后的车辆或总成送检时必须达到相关技术标准。

(3)送检车辆或总成的维修质量未达标或发现有严重质量隐患的,必须返工复修,并再次送检。

(4)在检验过程中发现零件错装、漏装、漏维修作业项目,或技术性能未达到相应要求的,应给予相应的经济处罚。处罚项目如下:

①凡危及安全或严重影响性能、质量的项目;

②明显漏油、漏水、漏气、漏作业项目等自检可发现的项目;

③零件错装、漏装或已明显失效的项目。

(5)对于已由专职检验员检验过关并认可,但在各类质量抽查中又查出的扣款项目,按该项目维修作业人员扣款额的30%,扣罚相关的专职检验员。

(6)维修作业人员自检、互检中发现的质量问题,不列入处罚范围。

(7)扣款处理应事先张榜公布。当事人如有异议,可向质检部门提出申请复查、复议。

(8)经复查若与扣款事实不符,经过一定程序,应予更改处理决定;若部分失实,可重新认定处罚标准;若与原处罚事实及依据相符,无出入者,应维持原处罚决定。

2. *车辆维修现场巡察监控制度*

为了加强维修现场管理、监控车辆的维修质量,维修厂的厂长(副厂长)以及质检技术部门应定期、不定期对维修现场和维修过程进行巡察、抽检和考核,以确保安全文明生产以及车辆的维修质量。

(1)巡察组的组成。巡察组应由厂长或副厂长负责,由质检技术部门相关人员、厂聘技师等组成,厂长或副厂长任组长并亲自参加巡察。

(2)巡察内容:

①安全文明生产情况,厂安全设施设备完好情况,员工遵守规章制度情况;

②员工执行国家标准或企业标准,维修工艺过程与标准文件的符合性情况;

③车辆维修过程及竣工的质量检查,记录情况;

④对竣工车辆质量检测、检查。

二、材料使用管理制度

为节约和控制维修材料的费用、合理更换和使用维修配件材料,汽车运输企业应制订一套维修配件、材料的使用管理办法,包括新材料的领用、旧件的鉴定、旧件修复、废件回收等基本内容。其要点如下:

(1)根据技术标准,到期必须更换的配件、材料必须按规定更换。

(2)汽车维修作业人员在维修过程中,发现或怀疑车辆在用配件损坏,应拆下原件,进行仔细检查、测量,并送交检验人员进一步鉴定确认。

(3)对外承修车辆或企业内部承包车辆维修,应将需更换的配件检测结果告之车方或承包人认可,如有疑点,应交质检技术部门裁定。

(4)对外承修车辆或企业内部承包车辆，如使用旧件或修复件，应告之用户并按旧件或修复件价格计费。

(5)领料应填写领料单据（分零辅料、分摊料除外），应填清领用日期、车主（单位）、车号或车牌号、配件名称、规格、产地、数量、单价、合计金额等项目以及领料人和核料人签名。

(6)领用新配件时应检查规格、型号是否正确，包装是否完整，配件是否齐全无损伤，装配时应检查各部位尺寸是否正确。

(7)若发现新配件存在质量问题，应向质检部门报告并退回配件仓库。

(8)旧件应送交旧件回收处分类回收。

三、文明生产管理制度

为加强企业的文明生产管理工作，提高员工文明意识，促进物质文明和精神文明，创建文明单位，应制订相应的文明生产管理规定，其要点如下：

1. 员工行为规范

(1)遵纪守法，热爱国家，热爱企业。

(2)维护企业形象，不损害企业利益。

(3)服从工作安排，财工作认真负责。

(4)讲究礼貌，尊重同事。

(5)爱护公物，保护环境。

2. 仪表仪态规范

(1)上班按规定着装，服饰整洁。

(2)工作时间不随意坐、躺、靠办公桌、工作台。

(3)语言文明，对人客气，不讲粗话、脏话。

(4)说话和气，不高声喧哗。

(5)不在禁烟区内吸烟。

3. 工作环境要求

(1)工作休息场地无烟头、纸屑及垃圾。

(2)工作完毕应清洁设备、场地、工具。

(3)办公桌、工作台摆放整洁。

(4)修车地沟无油污、无积水。

(5)移动机具、半成品堆码整齐、规范。

4. 检查与考核

(1)厂领导、班组长应为管理范围内文明生产的责任人，负责监督、检查、考核。

(2)对违反上述规定者，除批评教育外，应给予一定的经济处罚。

四、企业内部治安管理制度

为加强和完善企业内部的治安保卫工作，确保正常的生产秩序，保护企业和员工的合法权利，企业应制订内部治安管理制度，为处理不够刑事犯罪、不能移交公安机关处治的轻微不良行为提供依据，内部治安管理办法的要点如下：

(1)明确企业内部治安综合治理的管理部门，授予该管理部门对企业内部治安保卫工作的检查、指导、督促、考核、处理的权力。

(2)企业应实行内部治安管理、保卫工作责任制，单位或部门行政主要负责人应为本部门内部治安保卫工作责任人。

(3)企业应成立治安保卫委员会，并按在册员工总数的1% ~ 3%组建治安保卫委员会组织。

(4)对扰乱企业内部管理制度，妨碍内部公共安全，侵犯他人人身权利，侵占公、私财产等行为，依照《中华人民共和国刑法》的规定构成犯罪的，由国家司法部门依法追究刑事责任；尚不够刑事处理的，按照企业内部治安管理制度处理。

(5)对扰乱企业内部工作、生产(生活)秩序，危害内部公共安全、生产安全，侵犯企业和员工合法权益，损害公私财物及员工间打架斗殴等违反内部治安管理的行为，应由相关管理部门进行调查，分清责任，提出处理意见，报企业审批，作出行政处理。

(6)企业内部处罚的种类有内部治安警告、内部扣款处理、行政处分直至解除劳动合同。

(7)因违反内部治安管理所得的公私财物应依照规定退还原主。

(8)因违反内部治安管理造成的伤害损失，由违反治安管理的行为人赔偿损失及承担医疗费用，企业不得借支或垫支费用。

(9)经法医鉴定确系精神病患者，在不能辨认或不能控制自己的行为时，其违反内部治安管理的行为不予处罚，但其家属应承担监护的责任；间歇性精神病人在精神正常时违反内部治安管理的，应予处罚。

(10)醉酒者在醉酒状态中违反内部治安管理规定，应予以处罚；醉酒者在醉酒状态中，构成对本人有危险或对他人有威胁时，应当将其约束至酒醒。

(11)一人有两种及以上违反治安管理行为的，分别裁决，合并处理。两人以上共同违反内部治安管理的，根据情节轻重或本人所负的责任分别处理。

(12)违反内部治安管理的行为认定：

①非法制造、贩卖、携带管制刀具的；

②违反爆炸、剧毒、易燃、放射性等危险物品管理规定，尚未造成严重后果，不够刑事处罚的；

③扰乱企业生产、办公秩序，致使工作、生产不能正常进行，尚未造成严重损失的；

④组织、煽动他人扰乱正常生产秩序，造成消极怠工、罢工闹事的；

⑤在企业内部办公、生产、生活场地斗殴、寻衅滋事、侮辱妇女或进行其他流氓活动的；

⑥歪曲事实、故意散布谣言，损坏企业或他人名誉的；

⑦不服从管理，扭闹、殴打管理人员，影响正常办公或阻挠管理人员执行正常工作任务的；

⑧无理阻挠、干扰他人工作(生产)的；

⑨故意冲闯会场(议)，扰乱会场秩序，使会议无法正常进行的；

⑩偷、窃公私财物的；

⑪用假证件、假印章、假发票骗取公、私少量财物的；

⑫抢夺、侵占少量公私财物的；

⑬故意损坏公私财物的；

⑭窝藏、转移赃物或明知是赃物而购买的；

⑮未经许可，擅自在生产、办公场地、单工宿舍私拉乱接电线，私烧电炉、电加热器、取暖

器等危及安全的；

⑯在禁火区域内吸烟、玩火、燃放烟花爆竹或投放其他火源的；

⑰在企业办公、生产场地聚众赌博的；

⑱盗用公私车辆的；

⑲无证驾驶或酒后驾驶机动车或叉车的；

⑳企业内张贴淫秽或有碍社会、企业形象的字画、图片文字的；

㉑诽谤他人的；

㉒信件(电话)或采用其他方法恐吓、威胁他人安全,干扰他人生活或工作的。

(13)企业下属单位、部门人员违反内部治安管理的,处罚直接责任人;企业(单位、部门)主管领导指使员工违反内部治安管理规定的,处罚该主管领导和直接责任人。

(14)不执行安全防范制度,造成事故或案件发生的,处罚直接责任人;因单位治安管理措施不完善而未整改,发生事故或案件的,同时处罚单位(部门)领导。

(15)违反内部治安管理规定,有下列情形之一的,可以从轻或免予处罚:

①情节特别轻微,影响不大的;

②主动承认错误,又能及时纠正的;

③情节轻微,能主动坦白交代、退赃,有主动检举行为的。

(16)违反内部治安管理规定,有下列情形之一的,可以加重处罚:

①严重后果,造成恶劣影响的;

②对检举人、证人实施打击报复的;

③屡教不改的;

④因两者间的矛盾,邀约他人实施打击报复或使用管制刀具及其他凶器的;

⑤不服从管理,无理纠缠、扭闹各级管理人员或邀约他人寻衅滋事,扰乱正常生产、生活秩序的;

⑥阻拦、侮辱、谩骂、殴打执行公务的各级领导和工作执勤人员,或借故向领导反映问题而故意围攻、纠缠、强制限制、侵犯他人人身自由权利,不听教育、制止的。

五、计算机及网络使用管理

1. 计算机网络的设置

按照《汽车维修企业开业条件》(GB/T 16739.1—2004)的规定,一、二类整车维修厂应实行计算机管理,用以建立汽车维修技术档案和进出厂登记台账,包括维修合同、进厂检验、过程及竣工检验、出厂合格证打印、工时、材料费结算及清单、凭证打印等维修经营管理内容。另一方面,作为汽车运输企业内部车辆维修的成本、质量、生产任务等管理的需要以及企业内部办公自动化管理的需要,也应建立企业计算机网络——局域网。

2. 计算机及网络使用管理

计算机由于更新换代较快,如按设备折旧报废管理比较困难,故大多纳入办公设备(用品)管理。同时由于计算机及其网络的特殊性,一般均应制订专门的计算机及网络使用管理规定。为确保企业计算机网络系统的安全、高效运行,维护企业正常的生产和办公秩序,企业应根据实际情况,参照《中华人民共和国计算机信息系统安全保护条例》,制订计算机及网络使用管理规定,其要点如下:

(1)所有使用计算机网络者必须遵守《中华人民共和国计算机信息系统安全保护条例》

的相关规定。

(2)保密管理：

①管理人员的上机密码严格保密，不得相互打听；

②经计算机处理的保密文件、资料，严格对外保密，不允许将计算机信息传播到规定范围以外的部门和人员中；

③对具有保密要求部门的计算机硬件，在调出或报废处理前要进行信息销毁处理；

④任何人不得利用企业网络上传、下载、发布危害国家安全、扰乱社会秩序的反动言行、淫秽图片，不得通过网络泄露国家、企业机密。

(3)任何人不得利用企业网络在网上打游戏、网上交友、闲聊或从事其他与工作无关的事务。

(4)计算机网络管理：

①网络客户端的安装需提出申请，经部门负责人和质检技术部门审批后实行；

②网络客户终端应有专人负责维护，质检技术部门给予技术支持；

③网络终端用户应遵守网络使用公德，不得随意更改网络配置；

④任何人都有爱护网络设备的责任和义务，禁止任何破坏网络设备的行为；

⑤若因整个网络系统故障，各基层单位无法处理时，需及时报告企业质检技术部门安排修复。

(5)为保证企业与各二级单位之间的网络畅通，各二级单位必须每月按时交纳网络费用。

(6)计算机应用人员管理：

①各厂要有专职或兼职的网络管理员，负责本厂、技术检测中心、供应站等部门电脑硬件和网络系统的管理及日常维护；

②各厂、供应站确定专门的统计人员负责机务系统、物流系统软件的应用工作，发现应用中的问题及时与质检技术部门及网络公司联系。

(7)软件管理：

①应用软件功能模块的调整必须向质检技术部门提出申请，经分管领导同意后由质检技术部门与网络公司联系进行修改；

②应用软件以及系统软件应有1~2份备份，不得随意拷贝传递；

③各种应用软件及驱动程序应由专人管理，软件使用后应归还保管人员，未经企业分管领导批准，软件不准转给外单位及个人。

(8)数据安全管理：应定期对服务器数据及各部门重要资料进行备份。

(9)防病毒管理：

①应统一使用公安部批准的电脑杀毒软件，禁止使用盗版软件；

②未经企业允许，各种软件和光盘不得在企业网络的终端上运行；

③经过许可的外来软件上机前应先检测病毒，未经检测并消除病毒前不准上机操作；

④严禁在网上故意传播病毒。

六、环境保护管理

环境保护是一项利国利民的大事，也是我们的国策之一，作为汽车维修企业的管理者，要特别加强企业的环保管理，否则将会走上被告席。

1. 汽车维修企业污染源

(1)噪声污染。汽车维修过程的敲击声,发动机发出的轰鸣声,喇叭声,活塞式空气压缩机发出的工作噪声等都可能是噪声污染源。特别是在夜深人静的时候,更显得突出。所以在汽车维修厂点选址时应充分考虑,因为这些声音是不易避免的,因此在选址时应尽量远离医院、学校、机关及居民住宅,否则容易招来投诉及环保部门的查处。

(2)水污染。汽车维修过程中,有时需要用碱性洗涤剂对零件进行清洗,而且清洗后需用清水再次清洗,在对碱性清洗液进行更换及再次用清水清洗后的废水进行排放时,废水中的 pH 值大大超标。在蓄电池维修及充电过程中,也时常有废酸溢出,往往用水稀释后排放,因此汽车修理厂排放的废水中有可能偏酸或偏碱,对这些 pH 值超标的废水不应直接排放,应先在厂内进行中和处理,待 pH 值接近中性时再排放,否则将会对企业附近水体造成污染。

(3)油污污染。汽车清洗时用的清洗油、发动机润滑油、齿轮油及轴承润滑脂稍不注意,均有可能洒漏在地面上,遇雨水便易流入下水道,污染水源。故应加强管理,特别要加强回收,防止洒漏。一旦不小心污染地面,应立即作回收处理,切不可用水冲的办法来处理油污污染的地面。对于用高压水作零件或总成清洗时,污水一定要回收处理,决不要直接放入下水道。常见的处理办法,一是油水分离池,二是污水处理站。

(4)空气污染。空气污染的形成主要有烧锅炉时的烟尘污染,充电瓶时的硫酸气体污染,喷漆时的漆雾扩散污染等。目前针对这些污染的处理方法主要是减少排放量及减少排放对周边环境的影响。例如锅炉尽量使用含硫量较小的原煤或使用烧气锅炉,并注意不能用橡胶来引火。充电瓶时的排风扇不能正对人行通道及居民住宅。喷漆最好进喷漆房内,如无喷漆房时,一次所喷的用漆量不要过大,以减少这些废气对环境的影响后果。

2. 汽车维修企业的环保管理主要工作

(1)抓环保意识教育。要做好环境保护工作,首先要抓员工的环境保护意识教育,要让员工知晓加强环境保护的意义、目的、方法,以及违反规定将会造成的后果及要给予的处罚,要做到家喻户晓,人人皆知,并要在一些适当的位置张贴宣传标语及告示,以创造环境保护的氛围。

(2)应制订环境保护工作的相关规定。企业为保证环保工作的全面落实,必须要建立一套环境保护的体制及制度。要确定环境保护的责任领导及管理职能部门,确定管理人员,要制订岗位责任。要着力抓好预防,加强日常管理、检查,要对违纪者给予一定的处罚,对出现的问题立即进行整改,防止环境污染事件的发生。企业应制订环境管理办法,其要点如下:

①认真执行国家对环境保护相关的政策、法规、法令;

②企业行政负责人为企业环境保护第一责任人,质检技术部门为管理责任单位,技术负责人为日常管理责任人;

③开展对员工的环保意识教育,创造环境保护的氛围,创建文明企业;

④防止环境污染相关规定如下:

a. 防止噪声污染:在夜间 23:00 至凌晨 6:00 期间,禁止进行钣金等噪声超过 90dB 的维修作业;

b. 防水体污染:废碱性清洗液,废硫酸溶液及含油废水不得直接对外排放;

c. 废油料必须倒入废油回收池(桶),严防对环境污染;

d. 维修厂内禁止燃烧废旧橡胶、塑料及对环境有污染的化学物品;

e. 大量喷漆必须进入喷漆房施工作业。

⑤加强对生产过程的环境监控，对违反下列规定人员应根据情况，进行处理：

a. 在夜间超过规定时间作业，扰民被投诉者；

b. 对不按规定，将废清洗液、废硫酸溶液以及含油废水直接排至厂外或下水道者；

c. 在厂区内燃烧废橡胶、废塑料等化学物品者；

d. 一次 10 kg 以上喷漆未进喷漆房施工者。

⑥凡发生环境污染投诉或污染事件，在处理当事人的同时应对相关管理人员及相关班组长进行处理。

第三节　维修经营管理

汽车运输企业维修经营管理较一般汽修厂复杂一些，因为它要同时扮演对内维修及对外经营两个角色。由于对内维修一般为生产任务，对外维修为生产经营，故在管理上应有两套成本控制及结算体系。

一、对内维修管理

对内维修管理主要是对本企业内部运输车辆的维修、保养，一般采用下达任务的形式，因为维修厂是汽车运输企业的一个组成部分，是企业的下属，一般实行内部核算。其生产管理模式主要为指标管理，主要指标为：

1. 生产任务下达

(1)生产工作量。生产任务指标可整体下达，也可分项下达。整体下达的生产工作量包括负责多少辆车的一、二级维护以及零修，发动机大修等整体任务。分项下达生产工作量包括每个月做多少个车次的一级维护、多少车次的二级维护、多少台发动机的大修等。生产任务下达的同时，一般还应有配套的任务考核办法。

(2)安全文明生产。安全文明生产应纳入生产管理考核并应制订相应的考核办法。

(3)维修质量标准。明确车辆维修质量标准、质量包期、返工复修考核办法、故障率考核办法等。

2. 工资总额

对内维修这部分，一般由汽车运输企业直接划拨工资总额，交由维修厂实行第二次分配。分配方案如下：

(1)工资定额。一般根据员工定员而测算的工资定额为基础发放。

(2)劳保福利。按国家政策及管理幅度划拨一定的劳保福利费用。

(3)超任务作业工时费。以解决临时交办任务的工资费用。

3. 材料费

材料费用管理有据实报销、材料费用包干、千车公里材料费用指标考核、节亏奖惩等办法，分别适用于不同的情况：

(1)材料费用据实结算。适用于总车数较少或该车型较少、维修材料价格较高的特殊情况和新车型，对维修材料费用还无经验数据可借鉴的情况下采用。其要点是使用合理、逐车监控、车车结算。

(2)材料费用包干使用。企业按照经验数据及物价水平，以预测行驶里程及总费用为基础核定材料总费用，交由维修厂负责管理，超支不补，节约按一定比例提成奖励外，剩余部分用于扩大再生产添置厂房、设备或车辆基础配件及总成。适用于维修厂管理严格、制度健全、管理比较到位的情况。管理的要点是材料费控制要顾及汽车质量，不能牺牲汽车质量来换取奖励及设备，而且对节约幅度要有所控制，并应防止超支情况。

(3)千车公里材料费用指标考核。汽车材料消耗与车辆的行驶里程基本成正比，运行公里越高，消耗也越大，但对于总行驶里程变数较大或对材料费用管理要求较细时，应采用千车公里材料费用指标考核。控制的要点为：

①应分车型下达常规维修保养材料费指标。一般车型不同材料费消耗不同，两种以上车型有的消耗可能成倍数地相差，故应分车型制订下达；

②应单独下达或据实核算除一、二级维护及零修以外的其他材料费用消耗，如发动机大修费用，车身大修费用指标；

③应单独下达轮胎费用千车公里消耗指标；

④制订节、超费用奖励、惩处办法；

⑤如遇物价发生较大波动时，应适时调整指标数额。

4.其他生产费用

(1)水、电费消耗。水电费消耗可根据测算或经验数据为依据，加上人为管理的潜力来制订，可实行下达消耗费用或消耗量来进行管理，一般实行节约后可按一定比例提成给奖，超支如无特殊原因，全额由维修厂自行承担或按一定比例承担，扣发工资总额。

(2)办公费用。企业应划拨一定办公费用(含通讯费)给维修厂自行管理或按实际消耗到企业报销。

(3)杂支及交通费用。可核定一定数额，实行费用包干，也可据实报销。

二、对外维修管理

汽车维修厂对外维修时应按照市场经济规律运作，遵守市场规则。其管理要点是合同管理。

1.维修合同管理

根据国家工商行政管理局和交通部要求，当汽车大修，二级维护及估计维修费用在1000元以上的维修，汽车维修双方必须签订维修合同。汽车维修合同，可每次签订，如系定点维修业务，亦可签订长期(一般以年为时间单位)维修合同，对签订了长期维修合同的客户，在收费时应给予一定优惠，并应在合同中注明优惠办法。对于一般零修及一级维护，可以不签订维修合同，但维修工时费单价一定要张贴上墙，并按照规定收费，维修完毕，应提供配件更换清单及单价，同时提供工时费清单。

汽车维修合同是承修、托修双方所签订的法律文书，其目的是明确承修，耗修双方的权利和义务，依法签订的合同会受到法律的保护，合同一旦签订不得单方更改，必须认真执行。

国家在汽车维修业务方面，强制推行了标准维修合同，并建立了维修合同示范文本制度，相关规定如下：

1)汽车维修合同示范文本制度

汽车维修合同是规范市场经营行为，保护承、托修双方合法权益的法律措施，是道路运政管理部门处理汽车维修质量和价格纠纷的依据。为了规范汽车维修合同管理和使用，国家工商行政管理局和交通部联合发布了专门通知，在全国范围内，统一了汽车维修合同示范文本(GF-92-0384)，明确该文本由省工商行政管理部门监制，省交通厅(局)统一印制发放、管理,汽车维修企业和经营业户必须使用。汽车维修合同示范文本见表3-1。

汽 车 维 修 合 同　　　　表3-1

GF-92-0384

托修方　　　　签订时间　　　　合同编号

承修方　　　　签订地点

一、车辆型号

车种		牌照号		发动机	型号	
车型		底盘号			编号	

二、车辆交接期限(事宜)

送修				接车			
日期		方式		日期		方式	
地点				地点			

三、维修类别及项目

预计维修费总金额(大写)　　　　(其中工时费　　　　)

四、材料提供方式

五、质量保证期

维修车辆自出厂之日起,在正常使用情况下,　　　　天或行驶　　　　公里以后出现维修质量问题承修方负责。

六、验收标准及方式

七、结算方式及期限

现金　　　　转账　　　　银行汇款　　　　期限　　　　。

八、违约责任及金额

九、如需提供担保,另立合同担保书作为本合同附本。

十、解决合同纠纷的方式:经济合同仲裁　　　　法院起诉

十一、双方商定的其他条款

托修方单位名称(章): 单位地址: 法人代表人: 代表人: 电话: 电挂: 开户银行: 账号: 邮政编码:	承修方单位名称(章): 单位地址: 法人代表人: 代表人: 电话: 电挂: 开户银行: 账号: 邮政编码:	

说明:1. 承修、托修方签订书面合同的范围:汽车大修、主要总成大修、二级维护及维修费在1000元以上的。

2. 本合同正本一式二份,经承修、托修方签章生效。

3. 本合同维修费是概算费用。结算时凭维修工时费、材料明细表,按实际发生金额计算。

4. 承修方在维修过程中,发现其他故障需增加维修项目及延长维修期限时,承修方应及时以书面形式(包括文书、电报)通知托修方,托修方必须在接到通知后______天内给予书面答复,否则视为同意。

5. 承、托修双方签订本合同时,应以《汽车维修合同实施细则》的规定为依据。

注:本合同一式______份;承、托修双方各一份,维修主管部门各______份。

监制　　　　印制

2)汽车维修合同填写规范

根据《道路运政管理规范》的规定应按以下要求填写汽车维修合同:

(1)"托修方"栏填写送修车辆单位(个人)的全称,"签订时间"栏填写托修方与承修方签订汽车维修合同的具体时间(年、月、日),"合同编号"由省级道路运政管理机构和地级道路运政管理机构核定,前两位数为地域代号,后六位数为自然序号。

(2)“承修方”栏填写汽车维修企业的全称和企业类别,“签订地点”栏填写承、托修双方实际签订合同文本的地点,“车种”栏按货车(重、中、轻)、客车(大、中、轻、微)填写。

(3)“车型”栏填写车辆型号,如“东风 1090”、“桑塔纳 2000”等,“牌照号”栏按交警部门发放的车辆牌照填写,“底盘号”栏按生产厂家编号填写,“发动机编号”栏按汽、柴油及生产厂家编号填写,“送修日期、方式、地点”栏填写送修车辆时间、车辆独立行驶或拖拉进厂及托修车辆的交接地,“接车日期、方式、地点”栏填写托、承修方约定的车辆维修竣工交车日期、方式、地点。

(4)“维修类别及项目”栏填写托修方报修项目及附加修理项目,“预计维修费总金额”栏填写承修方初步估算的维修费(包括工时费、材料及材料附加费等)总金额,“工时费”栏填写工时单价。

(5)“材料提供方式”栏按“托修方自带配件”、“承修方提供需要更换的配件”等填写。

(6)“质量保证期”用大写填写质量保证的天数和行驶里程数。

(7)“验收标准及方式”栏填写所采用的标准编号和双方认同的内容、项目及使用设备等。

(8)“结算方式”栏在双方认同的一栏中打钩,“结算期限”栏在双方认同的一栏中打钩。

(9)“违约责任及金额”栏填写双方认同的各自责任和应承担的金额数,“解决合同纠纷的方式”栏在双方认同的一栏中打钩,“双方商定的其他条款”栏填写双方未尽事宜。

(10)“托修方单位名称(章)”栏盖单位的印章,没有印章的填写单位全称或托修人姓名及身份证号,“单位地址”栏填写单位或个人所在地详细地址,“法人代表”栏填写承修方或托修方法人代表的姓名,“代表人”栏填写承修方或托修方法人代表指定的代表人姓名,“承修方单位名称(章)”栏盖承修方单位的印章。

3)汽车维修合同的履行

汽车维修合同的履行是指承、托修双方按照合同的规定内容全面完成各自承担的义务,实现合同规定的权利。

维修合同的履行是双方的法律行为。但是若双方当事人中有一方没有履行自己的义务在前,另一方有权拒绝履行其义务。

维修合同签订后,承修、托修双方应严格按合同履行各自的义务。

(1)托修方的义务:

①按合同规定的时间送修车辆和接收竣工车辆;

②提供送修车辆的有关情况(包括送修车辆基础技术资料、技术档案等);

③如果提供原材料,必须是质量合格的原材料;

④按合同规定的方式和期限交纳维修费用。

(2)承修方的义务:

①按合同规定的时间交付修竣车辆;

②按照有关汽车修理技术标准(条件)修理车辆,保证维修质量,向托修方提供竣工出厂合格证,在保证期内应尽保修义务;

③建立承修车辆维修技术档案,并向托修方提供维修车辆的有关资料及使用的注意事项;

④按规定收取维修费用,并向托修方提供票据及维修工时、材料明细表。

4)汽车维修合同的变更和解除

(1)汽车维修合同变更和解除的含义：

变更是指合同未履行或完全履行之前由双方当事人依照法律规定的条件和程序，对原合同条款进行修改或补充。

解除是指合同在没有履行或没有完全履行之前，当事人依照法律规定的条件和程序，解除合同确定的权利义务关系，终止合同的法律效力。

(2)汽车维修合同变更、解除的条件：

①双方协定变更、解除维修合同的条件；

②必须双方当事人协商同意；必须不因此损害国家或集体利益，或影响国家指令性计划的执行。

(3)单方协定变更、解除维修合同的条件：

①发生不可抗力；

②企业关闭、停业、转产、破产；

③双方严重违约。

除双方协商和单方决定变更、解除合同的法定条件之外，任何一方不得擅自变更或解除合同。发生承办人或法定代表人的变动，当事人一方发生合并或分立，违约方已承担违约责任情况，均不得变更或解除维修合同。

(4)变更、解除维修合同的程序及法律后果。汽车维修合同签订后，当事人一方要求变更或解除合同时应及时以书面形式通知对方，提出变更或解除合同的建议，并取得对方的答复，同时协商签订变更或解除合同的协议。例如，承修方在维修过程中发现汽车故障需增加维修项目及延长维修期限时，应征得托修方同意后达成协议方可承修。

因一方未按程序变更或解除合同，使另一方遭受损失的，除一方可以免除责任外，责任方应负责赔偿。

2. 对外修理营业收入管理

汽车运输企业的修理厂在承担对内修理的同时，往往兼营对外修理，由于其对内修理为非独立核算，属内部车辆维修，不需单独缴税。但对外修理部分，则属营业性维修，需照章纳税，故财务账户必须建立两个体系，对内对外必须分开。对内修理部分，直接造表，交企业并表、并账。其对外修理部分，应按照以下要求管理，其要点如下：

1)营业性收入的内容

(1)车辆维修收入。指对外维修所提供的汽车维修劳务等所取得的营业收入。含根据工时定额规定获取的工时费，配件材料消耗所收取的材料费和其他收入三个组成部分。

(2)其他业务收入。指除汽车维修以外的，不独立核算的副营业务所取得的收入，如对外销售汽车零配件收入，对外加工收入，对外出租设备及场地收入等。

2)营业性收入的确认

企业应在提供劳务或物资，同时收讫或者取得索取价款的凭据时，才能确认为企业的营业收入。确认营业性收入的标志为：一是劳务已经提供或物资商品已经发出，二是企业已经收到了价款或者收到了收取价款的凭据。

3)材料费收入的计算

汽车维修材料费收入是指在汽车的维修过程中，所消耗材料的计费收入，包括外购配件收入、自制配件收入、修旧配件收入以及辅助材料费收入等。其计费的要点如下：

(1)外购配件费收入。按实际购进和不含税价计算。

(2)自制配件费收入。按实际制造成本价计算。

(3)修旧配件费收入。指企业所提供的经过修旧,符合技术质量标准的基础件,总成或零配件。如属本车原装的基础件,总成或零配件的修理,则只能收取加工费、工时费及配件费,不能按修旧配件收费。其修旧配件的收费,一般不超过新件价格的50%,并应事先征得用户同意。

(4)辅助材料费收入。一是指汽车在维修过程中所使用的一些价格低廉的材料,如螺钉、垫圈、开口销等;二是难以计量划分的材料,如润滑脂、氧气、乙炔气等,其范围及收取的计算方法各地区管理部门有具体规定。

4)其他收入的计算

其他收入包括厂外加工费收入、材料管理费收入等,其计算方法如下:

(1)厂外加工费收入。由于受自己设备、技术等条件限制,有一些作业项目需到外厂加工,从而发生的外加工费(不含税),此费用由维修企业先垫付,然后再向客户收取。如该加工已属托修方报修的维修内容,是属于自己无加工能力而送出外协加工的,只能按照相应的工时定额标准或加工单价向客户收费,与其送出外协加工的费用无关,不能向客户再单独收取外协加工费。

(2)材料管理费收入。材料管理费由材料的采购、装卸、运输、仓储、损耗等费用组成,其收入计算标准一般按一定的管理费率进行计算,各地区管理部门都有明确规定。

5)维修折扣与折让的计算

汽车维修折让是指汽车在维修过程中,由于质量等问题对客户做出的配件价格或工时费的让步,其折让额的大小视具体情况由托修双方协商确定。汽车维修折扣是指为了赢取顾客及时付款或定点维修所做出的维修费让步,其折扣率一般为几个百分点。折让与折扣的核算通常采用两种方法:

(1)总额法。指汽车维修收入按照全额反映,实际发生的现金折扣单独反映,汽车维修的全额收入减去现金折扣之后,才能得到真正的维修收入(净收入)。

(2)净额法。指汽车维修收入直接按照净收入进行反映,即按打折后的金额再计入收入核算。

6)其他业务收入的计算

除汽车维修业务之外的其他经营收入,如车辆对外提供劳务收入,对外销售配件收入,废旧物资出售所取得的收入等。这些收入通过“其他业务收入”账户据实记载、核算。

7)应收账款管理

应收及预付款是指企业对其他单位或个人有关支付货币,销售产品或提供劳务而引起的索款权。主要包括应收账款、应收票据及其他应收款、预付货款等。汽车维修业务所涉及的应收及预付款主要有:汽车维修费欠款、购买设备或配件、材料的预付款,其他业务往来及费用划拨所发生的应收款项。

近些年来,由于市场竞争的日益激烈,汽车维修业应收账款数额明显增加,已成为流动资产管理中的一个重要问题,为防止坏账的产生,必须要加强对应收账款的日常监控,特别要注意做好对赊欠客户的信用度调查及评价,同时所欠款时间期限不能过长。如发现有坏账的苗头,应加紧催收或采取其他合法手段,如中止继续赊欠,限期支付欠款(协商还款计划)或进行法律诉讼。

三、维修质量管理

1. 技术管理文件

汽车修理企业的技术管理与质量管理牢不可分。技术管理是质量管理的先导及保证。技术管理的首要任务,就是制订一整套可遵循的技术管理的文件,作为企业技术管理的基础和依据。

1)制订技术文件的依据及主要内容

(1)引用质量标准与规定。汽车维修企业首先要遵循国家及行业标准,同时可引用国家及行业标准为企业标准的基本骨架,再增加一些高于严于国家或行业标准的基本内容,经细化后构成企业标准,并应报经技术监督局批准或备案。汽车维修企业常引用的国家标准及行业标准有:

①《汽车维修业开业条件第1部分汽车整车维护企业》(GB/T 16739.1—2004);

②《汽车维修业质量检验人员技术水平要求》(JT/T 425—2000);

③《交通行业工人技术等级标准公路运输与公路养护汽车维修工》(JT/T 27.18—93);

④《汽车维修术语》(GB/T 5624—2005);

⑤《机动车运行安全技术条件》(GB 7258—2004);

⑥《汽车维护、检测、诊断技术规范》(GB/T 18344—2001);

⑦《汽车大修竣工出厂技术条件第1部分载客汽车》(GB/T 3798.1—2005);

⑧《汽车大修竣工出厂技术条件第2部分载货汽车》(GB/T 3798.2—2005);

⑨《汽车维修质量检查评定标准整车大修》(GB/T 15746.1—1995)。

应当注意,不管是国家强制性标准还是推荐性技术标准以及行政法规,一旦经合同或企业标准引用后,就具有法律性和强制性,同时要注意采用标准的最新版本。

(2)执行汽车制造厂维修手册所规定的技术标准。如:汽车的各级保养里程,发动机润滑油的牌号,各级保养的主要作业内容,零件的修理级别,装配方法及配合公差等要求。

(3)制订企业维修、保养技术规范。企业可根据要求及国家标准制订一些企业自己的技术标准,这些标准应高于或等于国家标准,制订的目的是更加细化或严格,常见的有《保养作业规范》及《修理技术条件》。

(4)制订企业的工艺过程文件。为达到一定的质量要求,必须要对生产的工艺过程加以规范及监控,以确保过程质量,企业必须制订工艺过程文件。主要内容包括:维修的工艺过程,各过程阶段的质量控制点,检验方法及数据要求,质量记录控制以及谁负责检验等组织机构。

(5)制订车辆竣工质量检验规定。车辆竣工质量检验是保证维修质量的重要环节,必须要有详细的检验规范及要求。主要内容包括:检验项目,检验方法,技术标准,检验责任人,检验记录及竣工放行或返工复修等具体规定。

2)质量控制与保证

汽车质量危及安全、人命关天,为加强责任心及一旦发生意外事故或机械事故时便于分析追究责任,汽车维修企业一定要具有可追溯的生产过程质量控制文件(记录)和对车主的质量保障文件。主要内容包括:进厂检验单,工艺及过程检验单,竣工检验单以及维修出厂合格证。

对这些质量控制记录文件的基本要求是:翔实、清晰、完整,特别是签名,一定要企业委任的具有资格的人员才有权签名认定，一定要责任人本人签名，不能代签，字迹要清晰、可辨认。其检验项目、名词术语、计量单位及引用标准应符合国家及行业有关规定，不能臆造。

下面以汽车大修为例，谈谈这几个文件的具体内容及填写方法。

(1)进厂检验单。进厂检验单，既是汽车交接的依据，又是汽车原始状态的记录，故应特别详细。主要内容包括：送修单位、合同号、进厂编号、牌照号、厂牌、型号、发动机号、底盘号、送修车辆状态（各部是否齐全、有无异常损坏）、里程表读数、燃料存量、报修级别、报修内容（对技术状况的描述及要求）、试车记录、检验员意见（维修方案）、托修方认可签字、盖章等。

(2)大修过程检验单。实行过程检验单一是防止未经过检验的有问题的材料、配件装车影响维修质量；二是控制维修过程，防止随意减少工序及维修项目。检测必检点，判断质量状况，并记录一些关键性技术数据，为以后维修创造条件；三是为竣工出厂检验打下基础及提供依据。主要的工艺过程检验项目有：发动机、前桥及转向器、后桥、变速器、制动系部件、电器及车身主要维修过程及关键尺寸的检验，主要配合间隙的检验及总成质量的检验等。

(3)大修竣工检验单。根据企业规定及国家标准，对大修竣工车辆应出具汽车大修检验合格证，而发放合格证的前提是大修竣工检验合格。主要内容为各部位维修到位，质量符合规定，其主要性能达到大修标准或相关规定。大修竣工检验单同时也是一个汽车大修的记录文件，应该包括：托修单位、承修单位、厂牌、型号、牌照号、底盘号、发动机号、车辆装备情况、基础件更换情况、改装改造情况、主要技术尺寸、技术状况、检验结论、检验员签字以及检验日期等项目。

(4)汽车大修合格证。汽车大修合格证既是大修后技术检验合格所开具的质量凭证，也是车辆在质保期内返工复修的依据，一般在开具合格证的同时，还应交付一张附有走合期规定及质保范围的质保书，以加强与客户的联系及沟通。汽车大修合格证应加盖企业公章。

2. 技术管理制度

企业除具有相应的技术标准、技术规范、工艺记录等一系列技术文件以外，一般还必须有一套完整的技术管理规定来规范、约束、监督这些技术文件的实施，这就是技术管理制度。技术质量管理制度主要有：

1)检验制度

检验制度包括进厂检验、维修过程检验、竣工出厂检验等项目内容，其设置的意义分别为：

(1)进厂检验制度。进厂检验是对车辆进厂时的一个初步鉴定及诊断，是一个技术状况的概略描述，通过进厂检验，可以验证驾驶员的报修是否准确，同时也可以协助驾驶员对车辆的可靠性进行把关，是技术服务的一种手段和重要内容。因此进厂检验员应选配技术较为全面、责任心较强而且具有亲和力的检验员担任。另一方面，进厂检验还应对车辆的完整性进行检查及记录，以消除因设备、设施丢失而引发的不必要纠纷。

(2)维修过程检验制度。车辆的维修程度不到位，该检查的不检查，该维修的不维修，虽可以减少一定的工作量及材料消耗，但也埋下了故障甚至事故隐患，将严重影响车辆质量。然而，这些偷工减料的做法，往往仅作竣工检验是不易发现的，为了保证维修质量，消除故障隐患，打消用户的心理顾虑，提高质量及信誉度。作为维修企业，应该严格控制维修过程，把好维修过程的各道质量关，建立相应的过程检验及考核制度并为之配备相应的检验人员，这是完全必要的和有益的。

(3)出厂竣工检验制度。出厂竣工检验是车辆维修质量管理的最后一道关口,具有向用户负责的和向企业负责的双重责任,其关键:一是必须坚持标准,不能私自随意降低标准。用户送车来修时,不管签没签技术合同,只要未作特别声明及约定,其双方就已约定,应按国家或企业的相关标准进行维修和检验;如降低了标准,必然会造成一定的质量问题或隐患,用户不认可。二是检查一定要认真,要全面,认真检验指包括采用合适的检验方法和完整的检验项目,并遵循其相应的技术规范。三是检验过程发现质量问题一定要作复修处理,而且经返工复修后的车辆,还应送检验员,对返工项目进行质量认定,切实把好车辆出厂质量关。若要让步放行,必须事先征得用户同意。

2)维修保养制度

二十世纪五六十年代,我国的汽车维修保养制度大多沿用前苏联的强制保养制度,交通部系统企业执行的是三级保养,建设部系统企业,特别是大型客车,执行的为四级保养。特点是,除一级保养之外,均为预防性的大拆大卸,在当时的汽车质量及检测技术的背景下是必要的,对于减少事故隐患,减少故障概率起到了积极的预防作用。

随着汽车技术的发展及汽车不解体检测技术的大量运用,加之汽车工业的进步,汽车配件质量的提高及可靠性技术的大量运用,一种以检测诊断为主,更换新件,缩短车辆在厂维修时间已成为新的维修方式及观念,一种新的维修保养制度应运而生。“预防为主,定期检测,强制维护,视情修理”已成为大多数企业的共识。2001 年《汽车维护、检测、诊断技术范围》(GB/T 18344—2001)标准正式颁布,为新的维修保养制度确定了基本框架。新标准将原交通部的三级保养,城建部的四级保养统一为了日常维护(由驾驶员负责执行),一级维护,二级维护 3 个级别。一级、二级维护的周期确定有两个基本依据,一是以行驶里程计算,依据汽车使用说明书的有关规定,同时也可依据汽车使用条件的不同,由省级交通行政主管部门规定。另一种是不使用行驶里程统计、考核的车辆,可用行驶时间间隔,其时间(天数)间隔可依据汽车使用强度和条件的不同,参照汽车一、二级维护里程确定。

一级维护仍然是以清洁、紧固、润滑为中心作业内容,检查车辆各部运转是否正常,安全性能是否可靠,紧固各部易松动的紧固件,调整运动副间隙,润滑各润滑点。

二级维护主要是进行性能检测,可依据车历档案和驾驶员反映的车辆使用技术状况,如动力性,异响,转向和制动操纵感觉,燃、润料消耗等情况,在作业规范已确定的检测项目,检测方法外,确定是否增加检测项目,依据检测结果确定附加作业项目。该标准中的作业项目为基本作业项目,附加作业项目可与基本作业项目一并进行,也可单独进行维修。标准规定,二级维护过程中,要进行过程检验,过程检验项目的技术要求,应满足有关的技术标准或规范。

一、二级维护作业完工后,应经检验员进行竣工检验。对检验合格的车辆,应签发《汽车维护竣工出厂合格证》。

汽车运输企业,也可根据对车辆可靠性及安全性的特殊要求,如前所述的在国家标准的基础上,增加一些作业内容。如定期对方向机、制动总泵、制动分泵、离合器等涉及安全的总成或有磨损损耗的总成进行拆检,制订符合国家要求,又能满足企业自身需要的保养作业规范和修理技术条件,作为企业标准。

3)质量抽查、分析制度

为了加强企业对质量的监控,同时加强对检验人员工作质量的监督、考核,企业的质量管理负责人应亲自参加并组织对车辆维修过程及维修质量进行抽查,抽查应采取不定期性的随机抽查,以监控验证平日维修质量及检验质量。抽查的次数及频率可根据企业的具体情况而定,但最少每周应进行一次,如条件允许,抽查车数最好达1/5～1/3。对抽查结果要认真进行分析,对发现的问题,一是要查找原因,采取整改措施,防止再次发生;二是要严肃处理,考核不但要落实到作业者,而且还要落实到相关检验人员,要建立相应的抽检及质量考核制度、质量分析制度。车辆维修质量抽查、分析制度要点:

(1)质量抽查是对经过检验人员检验竣工车辆的再次检验,是对车辆质量状况的调查及对检验工作质量的监督、考察。

(2)质量抽查应由厂领导或质检技术部门领导组织,相关领导应亲自参加抽查。

(3)抽查使用标准应是现行车辆竣工出厂标准,抽查时,可进行部分项目抽查,也可按整车所有项目全查。

(4)抽查应不事先通知,并采取随机抽样方式进行。

(5)抽查应采取不定期方式进行。

(6)抽查中发现的质量问题,在条件允许时,应立即告知相关作业人员及检验员确认,以便进行处理及教育。

(7)检查记录应真实、完整、检查结果应纳入对相关人员的质量或工作考核。

(8)对检查情况应召开专门会议或发情况简报进行分析、通报。

(9)对质量问题突出,严重影响企业信誉及出现车辆安全隐患情况,应召开专题质量分析会进行分析处理。

(10)质量分析会应由厂长或技术厂长主持,相关管理人员及作业人参加,邀请部分生产、技术骨干参加,并参与分析讨论。

3. 岗位责任制

1)技术质检管理部门(人员)岗位责任制要点

(1)负责组织贯彻实施国家相关技术标准、政策和法规,编制和修改企业的技术标准和保修作业规范及工艺文件。

(2)制订企业技术管理的规章制度、措施和办法。

(3)负责企业内部车辆、设备的添置、验收。编制设备的大、中修计划。负责设备更新改造,报停、报废管理。

(4)负责指导和解决生产过程中的技术问题。

(5)负责企业内的计量、环保、能源及计算机网络管理。

(6)负责对配件质量的监控、追踪及鉴定。

(7)负责组织管理科研项目,技术改造,技术革新和合理化建议的实施及鉴定。

(8)负责新技术、新材料、新工艺的推广及引进。

(9)参与员工技术教育和技能培训。

(10)负责组织并参与对车辆保修质量进行抽查,对保修过程进行质量监督和指导。

(11)负责对发生的机械、机损事故、未遂机械事故、重大事故隐患进行责任分析及鉴定。

(12)负责对车辆维修质量进行抽查、分析及考核。

(13)参与工时定额的测定。

(14)负责企业办公及通讯设备管理。

2)检验员岗位责任制要点

(1)全面贯彻执行保修作业规范和修理技术条件。

(2)根据《机动车运行安全技术条件》(GB 7258—2012)要求,负责车辆保修过程及竣工验收工作,对车辆的运行安全负责。

(3)负责对进厂保修车辆进行检查、验收,并根据报修内容查阅车历档案,拟定相应作业内容。

(4)负责对总成修理过程进行监控、检验。

(5)监督、指导作业者,正确执行操作规程及技术标准。

(6)负责材料判定,控制并签发材料领料单。

(7)及时收集、反馈所用配件在使用过程中的技术性能及质量情况。

(8)督促作业过程中的生产安全、消防安全及场地卫生。

(9)负责对竣工车辆进行竣工检验并对经检验合格车辆发放完工证及填写维修档案。

(10)及时将竣工车辆移至停车场,随时保证厂区道路及作业场地畅通。

第四章　安 全 管 理

教学目标：

1. 熟悉安全管理的任务和内容；
2. 熟悉行车安全管理的要点；
3. 掌握维修安全管理的要点。

第一节　安全管理的任务和内容

一、安全管理的任务

《道路运输企业安全生产管理规范》规定了汽车运输企业安全管理工作的任务是：认真执行道路运输法规、规范和标准；坚持“安全第一，预防为主”的方针，按照“企业负责、行业管理、国家监察、群众监督”的原则，建立“管生产必须管安全，谁主管谁负责”的安全生产管理责任制；采取科学有效的手段，制定切实可行的措施，把交通事故消灭在萌芽状态；确保旅客和货物的人身与财产的安全，最大限度地为社会提供安全、及时、经济、方便、舒适的运输服务。

二、安全管理的内容

汽车运输企业安全管理工作涵盖的内容十分广泛，现就其主要内容归纳于下：

(1)全面贯彻执行国家有关交通安全管理工作的方针、政策，健全各级安全管理机构。

(2)认真执行道路运输和交通安全法规、规范和标准，服从道路运输管理，做好道路运输安全宣传教育工作。

(3)结合企业实际，建立健全以安全管理工作岗位责任制为主的各项安全管理制度，制订安全技术标准和操作规程。

(4)开展安全检查，组织安全竞赛，交流安全经验，推广安全技术，奖励安全标兵。

(5)做好驾驶员的技术教育培训工作，申领驾驶员的有关证件，做好年度审验，组织安全月和安全日活动。

(6)会同技术部门申领车辆号牌和证件，负责车辆年度检验并办理有关手续，组织车辆安全检查、办理保险手续等。

(7)协助公安机关车辆管理部门处理好与本企业有关的交通事故，分析事故原因，执行相应的整改或处罚决定，落实防范措施。

(8)做好驾驶员家属的工作，开展“贤内助”活动。

(9)负责本企业交通事故的统计和上报工作，建立健全安全管理档案。

(10)开展交通安全科学研究,提高安全管理技术与水平。

三、安全管理机构和人员

汽车运输企业要搞好安全管理工作,首先要有健全的安全管理机构,其次是在安全管理机构中,各职能部门和职能人员必须有明确的职责范围。只有这样,安全管理工作才能从组织上落到实处。

1. 安全管理机构

汽车运输企业的安全管理工作主要是以行车安全管理为中心内容的道路运输生产安全工作,此外还有维修生产、企业防火等厂(站)内生产安全问题,所有这些都归企业安全管理机构管理。

汽车运输企业应成立安全管理委员会,下属站(队)和维修厂应成立相应的安全管理领导小组,班组应设安全监督员。企业安全管理委员会应由企业主管技术的副经理或总工程师负责开展工作。安全管理委员会下设安全技术科,安全技术科既是企业安全管理委员会的日常办事机构,又是企业的一个职能部门,主管全企业的安全管理工作。

企业安全管理委员会由企业主管技术的副经理或总工程师担任主任、安全技术科长担任副主任。成员由各站(队)维修厂、机务科、调度室、人保科、工会等部门领导组成。各站(队)、维修厂的安全管理领导小组由主管安全技术的副站(队、厂)长或工程师担任组长,成员由调度员、安技员、机务员等组成。也可吸收班组的安全监督员参加,其日常工作由安技员会同安全管理领导小组组长共同协商处理。

2. 汽车运输企业安全管理人员

安全管理人员要出色地完成自己职责范围内的安全管理工作,就必须具备相应的思想和业务素质。思想素质主要表现在职业道德方面,业务素质主要表现在知识、资历和能力方面。

1)安全管理人员应具备的资历

安全管理人员应当具有高中以上文化程度,具有在道路运输行业三年以上从业经历,掌握道路运输安全生产相关政策和法规,经相关部门统一培训且考核合格,持证上岗。

2)安全管理人员应具备的职业道德

安全管理人员应有较高的思想觉悟和政治水平;遵守党纪国法;忠于职守、办事认真、勇于负责;廉洁奉公、坚持原则、具有高度的责任感。

3)安全管理人员应具备的知识

安全管理人员应具备一定的法律知识、专业知识和相关知识。法律知识指国家颁布的交通安全管理方面的政策、法规和条例以及刑法、民法、经济法和涉外法律与纪律等方面的相关知识。专业知识包括车辆构造与性能、道路交通运输安全管理和车辆技术管理等方面的知识。相关知识则包括人员救护、车辆消防、车辆保险、气象分析、心理学以及行为科学等方面。

4)安全管理人员应具备的能力

安全管理人员应具备运用科学管理知识和实际经验,果断有效地解决具体问题和做出相应决策的能力。具体表现为以下几个方面:

(1)正确分析、判断和处理安全管理工作中各种问题的能力。

(2)对意外和突发事故的应变协调能力。

(3)较强的口头和文字表达能力。

(4)较强的内外事务沟通和社会公关能力。

(5)较强的组织领导能力。

第二节　行车安全管理

一、行车安全管理的宗旨和任务

1. 行车安全管理的宗旨

汽车运输企业行车安全管理的宗旨是:认真贯彻“安全第一、预防为主”的方针,坚持“企业负责、行业管理、国家监察、群众监督”的管理体制,实行企业法人负责制。

2. 行车安全管理的任务

汽车运输企业行车安全管理的任务是:认真贯彻执行国家有关行车安全的方针、政策和法规,结合企业经营机制的实际,建立健全有效的安全管理机构和制度,落实行车安全管理目标和责任,组织安全教育和业务培训,实施行车安全监督、检查及考核、奖惩,以达到降低事故频率,减少人员伤亡和财产损失,杜绝特大事故发生,提高企业信誉和经济效益的目的。

二、行车安全管理机构及其职责

1)行车安全领导负责制

汽车运输企业应设立安全生产领导小组,对行车安全实行领导负责制,负责提出企业行车安全方面的重大决策、方案和奖惩措施,实现对行车安全工作的综合管理。

2)行车安全管理机构

汽车运输企业应下设负责行车安全管理的机构,如安全处和安全科等。

3)行车安全管理机构职责

(1)贯彻上级安全生产的有关方针、政策,执行有关行车安全的各项法规及标准。

(2)修订企业行车安全管理规章制度,对行车安全工作实行基础档案管理。

(3)督促落实各项行车安全管理制度。

(4)组织行车安全教育和培训,组织开展行车安全竞赛活动。

(5)负责驾驶员培训、转正、增驾、转籍、聘用等报批之前的审核工作和驾驶员年度审验及安全公里管理工作。

(6)组织车辆安全技术状况检查,督促车辆按时维修、定期检测。

(7)负责行车事故的处理、统计、上报工作,办理车辆的各项保险、索赔手续。

(8)对不利于行车安全的规定、命令和生产安排有权予以否决。

4)行车安全管理机构的设施及人员配备

(1)大、中型企业的行车安全管理机构应配备必要的工作车辆,并可根据业务特点和实际需要配备通信、勘察、宣传等设备。

(2)企业基层单位应确定 1 名行政领导主管行车安全工作,设置相应的行车安全管理部门或配备专职安全管理人员。

(3)企业专职安全管理人员原则上按每 25 辆营运车不少于 1 人配备,少于 10 辆营运车的单位设兼职安全员。

5)行车安全管理人员的条件

(1)具有高中(或相当高中)以上文化水平,具备20万km以上安全驾驶经历。

(2)熟悉本岗位业务,能运用交通法规和业务知识正确分析、处理行车事故,有一定的组织能力。

(3)热爱本职工作,恪守职业道德,廉洁奉公,作风正派。

6)行车安全管理人员的职责

(1)宣传贯彻国家及上级部门下达的有关行车安全的方针、政策、法规,执行企业行车安全管理制度。

(2)组织安全学习活动,会同有关部门进行经常性的行车安全宣传教育,并开展行车安全竞赛。

(3)经常深入现场,进行行车安全监督检查,督促检查营运车辆经常保持良好的技术状况,保障各项基础管理工作的落实。对危及行车安全的行为有制止和向上级反映的权力。

(4)负责本单位行车事故的处理、统计和上报。

(5)参加驾驶员的年度审验、评比等,加强对驾驶员的安全行车管理工作。

三、行车安全技术检查机构及其职责

汽车运输企业应建立行车安全技术检查机构,做到机构、人员、制度三落实。行车安全技术检查机构职责如下:

(1)按照《机动车运行安全技术条件》(GB 7258—2012)和国务院令第405号《中华人民共和国道路交通安全法实施条例》的有关规定,对进入企业车站的营运车辆进行安全技术检查(门检),防止机械事故发生。

(2)根据车辆技术管理的有关规定,监督本单位营运车辆维修制度及维护、修理计划的落实。

(3)配合车辆技术管理部门做好本单位营运车辆维护、修理后的质量验收工作。

四、行车安全管理制度

1.安全工作例会制度

1)行车安全工作例会次数

汽车运输企业行车安全工作例会次数每月不得少于1次,基层单位不得少于2次,遇有特殊情况和特大、恶性行车事故应及时研究、分析、处理。

2)安全工作例会主要内容

(1)传达、学习安全管理工作的有关文件、指示。

(2)分析检查企业安全工作状况,总结经验教训,提出防范措施和工作要求。

3)安全工作例会应建立会议记录

2.安全活动制度

(1)企业应经常组织开展形式多样的安全竞赛活动,不断解决行车安全中的薄弱环节。

(2)驾驶员"安全活动日"每周不得少于1次,每次不得少于2h,驾驶员每月参加安全活动不得少于2次。其主要内容包括行车安全的法规、文件、规定和标准;先进典型的行车安全经验;针对行车中存在的问题,提出安全防范措施。

(3)安全活动应建立活动记录,并实行考核。

3. 行车安全教育与培训制度

汽车运输企业应针对不同的岗位特点制定相应的行车安全教育培训计划，由相应的职能部门组织实施。其内容主要包括：

1）安全管理人员（安全员）

（1）交通安全法规、安全驾驶操作规程。

（2）企业行车安全管理规章制度、基层安全管理业务知识。

（3）行车事故的一般规律、事故分析处理、统计报告、事故现场救护（险）、保险等业务知识。

（4）车辆安全技术性能检查常识。

2）驾驶员

（1）交通安全法规、安全驾驶操作规程、汽车旅客、货物运输规则。

（2）企业行车安全管理规章制度和安全行车经验。

（3）行车事故的一般规律及防范要求，事故现场紧急救护（险）等常识。

（4）汽车例行保养、故障分析与排除。

（5）驾驶职业道德教育。

（6）企业聘用的外单位驾驶员，除应达到上述规定外，还可根据需要，在时间、内容上做出补充规定。

3）车辆安全技术检查人员

（1）汽车构造、维修质量标准。

（2）车辆运行安全技术条件及安全检测方法和设备使用常识。

4. 驾驶员管理制度

1）学习驾驶员

应根据企业的培训计划，本人自愿报名，基层单位推荐，企业安全管理部门审核，办妥主管部门规定的各项手续后，方可参加统一培训。培训费用按企业规定办理。

2）实习驾驶员

（1）实习驾驶员进企业上岗前应由行车安全管理机构负责，会同有关职能部门对其进行岗位培训。

（2）实习驾驶员必须在企业指派的正式驾驶员监督指导下按有关规定在准驾车型上跟车实习，按“四先、四后”（即先空车、后重车，先白天、后夜间，先短途、后长途，先平原、后山区）的原则，定人定车，不得擅自变动。

（3）实习驾驶员转单独驾驶时，须本人做出实习总结，监护驾驶员签署具体意见，货车经基层单位考评，大客车经企业考评，合格后准予单独驾驶；但在一定的熟练期内，仍须遵循“四先、四后”的原则。

（4）实习驾驶员应在规定的时间内安全完成实习任务。无特殊情况实习延长不得超过6个月，逾期不能单独驾驶的不得驾驶营运车辆。

3）正式驾驶员

（1）自觉遵守道路交通管理法规和企业各项安全管理规章制度。认真参加安全活动，不断提高安全意识，确保行车安全。

（2）安全行车10万km（客车15万km）以上者即有监督、指导学习驾驶员的义务；货车驾驶员安全行车10万km以上（3年以上安全年资）的均可增考大客驾驶证，但须企业审核后统一办理。

(3)增考大客的驾驶员在大客车实习不得少于3000km,但不得在日程300km以上的客车、夜间班车、旅游客车上实习。

(4)驾驶员有下列之一的,应停止其驾驶工作,同时抄报公安交警部门处理:

①严重违章违纪,驾驶作风恶劣又屡教不改的;

②反应迟钝或患有妨碍行车安全疾病的;

③未经企业同意擅自离职的。

(5)因故提前退休、退养的驾驶员,本企业留用的,应根据其身体状况、驾驶技能控制使用至退休年龄。被外单位或承包人聘用的,企业行车安全管理部门应通过公安交警部门督促其及时办妥被借、聘手续。

4)聘用驾驶员

(1)企业必须建立健全聘用驾驶员行车安全管理制度,落实行车安全责任。

(2)企业任何个人不得擅自聘用驾驶员,必须由企业按有关规定,办妥聘用手续,方准驾驶员驾驶与准驾车型相符的营运车辆。

(3)聘用驾驶员在聘用期内,必须自觉遵守企业行车安全管理制度,履行聘用合同,保证行车安全。

(4)未经企业聘用的驾驶员,如驾驶企业营运车辆,一经查获,追究经营者和当事人的责任,并按规定给以必要的经济处罚。对屡教不改者,企业有权中止承包、租赁合同。

(5)聘用合同中必须有明确的保障安全行车的责任、权利条款,如有违约将追究双方行政、经济或法律责任。承包、租赁企业车辆经营者应与被聘驾驶员签订劳务合同,根据国家政策规定,保障聘用驾驶员的合法权益。

5. 安全行驶里程管理制度

(1)驾驶员安全行驶里程管理工作由企业基层单位直接负责。基层单位应建立驾驶员安全公里记录、台账,按季上报、按季公布,接受上级主管部门的督促、检查。

(2)营运车驾驶员的安全行驶里程从企业批准单独驾驶后,按实际行驶里程统计。

(3)非营运驾驶员,持驾驶证的安全管理人员以及难以正确统计行驶里程的驾驶员计算安全年资。安全年资与安全公里的折算,各企业自定,但最高1年不得超过3万km。安全年资从核发正式驾驶证起累计。

(4)从外单位调入、聘用、借用的驾驶员,凭其提供的累计安全公里原始凭据和调出单位出具的证明,只承认其安全驾驶年资。

(5)驾驶员肇事后扣除安全年资,每年折合3万km。实际行驶超过3万km的,超出部分予以保留,不足3万km的按实际行驶公里扣除。

(6)累计安全行驶100万km以上的驾驶员,因肇事扣除安全公里,须报企业行车安全管理部门备案。

(7)驾驶员未经企业同意,擅自离职,擅自中止聘用、借用合同一律扣除原记载的全部安全公里(年资),并不出具原安全公里(每资)证明。

6. 行车安全档案管理制度

(1)汽车运输企业安全管理部门必须建立健全驾驶员行车档案以及行车事故档案。驾驶员行车档案为一人一档,事故档案为一般事故以上一事一档,重、特大行车事故档案应由企业行车安全管理部门负责整理、保存。

(2)驾驶员行车档案主要包括登记表,单独驾驶审批表、聘用、借用合同,违章、违纪、肇事记录及处理结论,安全公里考核记录及裁减审批表,奖惩记录及其他行车安全材料等。

(3)行车事故档案主要包括肇事报告单,肇事现场示意图及现场照片,当事人提供的肇事经过与检查材料,道路交通事故责任认定书或重新认定书、道路交通事故责任者处罚裁决书,道路交通事故赔偿调解协议书,刑事判决书,企业处理决定,事故调查及"四不放过"(事故原因分析不清不放过,肇事者和群众没有受到教育不放过,没有防范措施不放过,责任者没得到处理不放过)记录等。

7. 行车安全管理基础资料

汽车运输企业应建立健全行车安全管理基础资料。行车安全管理基础资料主要包括:

(1)行车安全管理机构设置和安全管理人员编制名册。

(2)行车安全管理规章制度及检查考核记录。

(3)驾驶员(含聘用)名册。

(4)安全例会记录、驾驶员安全活动记录、行车安全管理工作总结。

(5)行车事故登记、处理、责任分析记录、安全竞赛活动记录。

(6)驾驶员安全公里考核记录、年度审验记录、驾驶员奖惩记录。

8. 行车安全管理目标和岗位责任制

(1)汽车运输企业必须努力完成上级下达的行车安全管理目标,制定不低于上级下达的行车安全考核指标。

(2)汽车运输企业应将行车安全管理目标层层分解到各基层单位和相关部门,直到营运车辆经营者和驾驶员,切实采取措施,确保完成。

(3)汽车运输企业应建立健全和落实行车安全管理部门、安全管理人员和车辆安全技术检查人员的岗位责任制,并建立经济责任制考核制度。

(4)汽车运输企业各级负责人、驾、乘、站务人员、维修人员及其他有关部门和人员,应在其岗位经济责任制中包含有与行车安全管理相关的责任内容。

9. 行车安全监督检查制度

汽车运输企业应建立健全行车安全监督、检查制度。

(1)行车安全检查机构负责对营运车辆出车前或收车后的安全技术状况检查,检查内容主要包括制动系、转向系、传动系、前桥及轮胎气压、灯光、信号装置、牵引装置及侧面防护装置。

(2)经检查合格的车辆,应签发"运行安全合格证",对检查不合格的车辆,应签发"报修施工通知单"。合格证、通知单必须有检查责任人和驾驶员同时签名生效。

(3)驾驶员应按规定对所驾车辆的安全技术状况做好出车前、途中及收车后的自检、自查工作。

(4)组织对本单位营运车辆安全技术状况的抽查,每月不得少于1次,抽查比例不小于营运车辆数的20%。

(5)组织对本单位营运车辆安全技术状况普查,每年不得少于2次。

(6)行车安全管理工作综合检查每年不得少于2次,检查内容为行车安全管理制度贯彻情况及目标执行情况,行车安全岗位经济责任制落实情况,行车安全管理基础资料及各类档案的建立、健全和保管情况等。

(7)各类监督、检查应详细记录,对检查中发现的问题和事故隐患应制定措施及时整改。

10. 奖惩制度

(1)汽车运输企业应建立行车安全激励机制,对行车安全做出显著成绩的集体、个人给予定期表彰、奖励,并与经济利益挂钩。

(2)对因玩忽职守,违反规章制度和管理规定而造成事故,使人民生命财产及企业效益蒙受严重损失的有关责任人,应根据事故性质、责任大小分别给予行政处分和经济处罚。情节严重,触犯刑律者依法惩处。

五、汽车安全运行要求

(1)汽车运输企业所有车辆的技术状况均应符合《机动车运行安全技术条件》(GB 7258—2012)的要求。

(2)汽车驾驶员必须严格执行《中华人民共和国道路交通安全法》的规定,任何人不得指使、胁迫驾驶员违章行驶。

(3)凡不符合安全要求的车辆,不得进行营运。

(4)企业对承包、租赁、代管经营的车辆必须办妥各类必办的保险险种后方准营运。保险手续由企业统一办理,保险费由企业代收代付。

(5)营运客车载客应执行交通运输部令 2012 年第 8 号《道路旅客运输及客运站管理规定》的规定,客车顶行李架装载行包等必须符合有关规定。

(6)营运货车载物应符合通运输部令 2009 年第 3 号《道路货物运输及站场管理规定》及交通法规有关要求。装运危险品货物必须符合交通运输部令 2013 年第 2 号《道路危险货物运输管理规定》的要求。

(7)汽车在通过漫水路、漫水桥及情况不明的桥涵时,应停车查明情况,在采取必要的安全措施后方可通过。

六、客、货运站场对车辆的安全管理职责

(1)客、货运站场必须严格执行《道路旅客运输及客运站管理规定》、《道路货物运输及站场管理规定》和地方政府有关规定,建立健全安全生产责任制,配备现场安全检查人员,落实行车安全的各项源头管理工作。

(2)客、货运站场必须加强对车辆回场后和发车前的安全检查,建立必要的规章制度,严防安全运行技术条件不符合要求的车辆投入营运。

(3)客、货运站场必须按营运车辆行驶证上核定的人数或吨位配载,客货不得混装,严禁超员、超载及装载违规的车辆驶出站、场。

(4)汽车客运站要加强乘车安全宣传教育,配备专人做好旅客行包、携带物品的危险品查堵工作。

七、行车安全考核

(1)车辆在行驶和停放过程中造成人、畜伤亡和财物损失的碰撞、翻车、坠车、刮擦、运行伤害、爆炸、失火等均称行车事故。事故类型按交通运输部《道路运输行业行车事故统计报表制度》(交运发[2010]720 号)制定的标准划分。

(2)行车事故处理:

①行车事故发生后,企业应及时向保险公司报案,办妥保险委托手续,视情派员赶赴现

场或委托当地企业安全管理部门协助办理；

②特大事故必须在24h内报告上级主管部门，事故现场处理结束后，应及时写出书面报告，报告提交时间不得超过7d；

③行车事故等级、责任、损失以公安交警部门《道路交通事故责任认定书》、《道路交通事故责任者处罚裁决书》及《道路交通事故赔偿调解协议书》为准；不涉及公安交警部门管辖的行车事故，由企业行车安全管理部门会同有关部门共同处理；

④行车事故处理结束后，应按上述安全年资的扣除标准和其他有关规定对责任人做出处理，并整理归档。重、特大行车事故还应提交综合性结案报告；处理意见和结案报告提交时间不得超过30d；

⑤企业应建立行车事故风险金和行车事故互助金制度，用于垫付事故处理的费用，具体办法由企业自行拟定。

(3)行车安全考核指标

①行车安全考核指标是上级主管部门在统计期内对企业行车安全工作所下达的考查指标，由企业主管部门负责考核，并与企业承包、经营、奖罚挂钩；

②企业应制定内部行车安全考核指标及相应的考核奖罚制度；

③浙江省汽车运输企业的行车安全考核指标是：责任事故率<1.5次/百万车公里，责任死亡率<0.3人/百万车公里，责任重伤率<1.2人/百万车公里，直接经济损失<3万元/百万车公里；

④行车事故统计报表、报告、项目说明及计算方法按《道路运输行业行车事故统计报表制度》执行。

第三节　维修安全管理

维修安全管理是汽车运输企业安全管理的一个重要组成部分，也是机务技术管理的一个重要任务。维修安全主要包括车辆机械安全和生产现场安全两方面。维修安全管理的要点是建立维修安全管理机制，包括安全管理体系、安全管理制度、事故隐患的整改和对各类事故的查处等主要内容。

一、维修安全管理机制

维修安全管理是一个全员参与的基础管理，它贯穿于维修生产的全过程，哪里有生产活动，哪里就应有相应的安全管理。汽车运输企业的法人代表应是本企业安全生产第一责任人。其各厂、各部门行政负责人应是本单位、本部门安全生产第一责任人，并负责以下工作：

(1)贯彻执行国家的安全生产方针、政策、法规和上级安全工作指示精神。

(2)定期召开安全生产工作会议，研究安全生产工作，听取安全工作汇报，部署安全防范及整改工作。

(3)组建企业(部门)安全生产工作委员会，吸收相关领导、职能人员以及工程技术人员参加，实行安全工作群抓共管、全员参与。

(4)建立健全安全管理机构，配备安全管理人员，落实安全措施及整改经费，建立安全管理长效机制。

(5)建立健全安全管理规章制度和安全操作规程，拟定安全防范措施，并组织实施。

(6)落实“谁主管、谁负责”,“管生产必须管安全”的工作要求,明确企业各级管理人员的管理职责,执行安全工作一票否决制。

(7)坚持安全工作“五同时”(在进行生产计划、布置、检查、总结、评比时,同时进行计划、布置、检查、总结与评比安全工作),使安全工作贯穿于维修生产全过程。

(8)创造安全生产工作条件,开展安全宣传、教育工作,营造安全生产氛围。

(9)督促和定期检查、考核安全生产工作,随时查找不安全因素,限期整改事故隐患。

(10)制订事故处理预案,并组织相关人员培训、演练。

(11)落实全员安全生产责任制,安全生产管理领导问责制和安全事故行政责任追究制,严肃对造成事故的责任人及相关管理者进行处理。

二、各主要岗位维修安全生产责任制要点

按照全员参与的原则,所有的员工均应有所在岗位的安全生产职责。为明确责任和便于管理及考核,应根据该岗位的职责及工作性质,建立相应的安全生产责任制。

1. 经理(厂长)安全生产责任制要点

(1)贯彻国家的安全生产方针、政策、法律、法规,为企业安全生产第一责任人。

(2)定期主持召开企业安全生产工作会,听取安全工作汇报,布置安全防范工作及事故隐患整改。

(3)建立安全管理长效机制,建立健全安全管理机构,配备安全管理人员,安排安全措施及整改经费。

(4)建立健全企业安全管理各项规章制度,制订安全防范措施及事故处置预案。

(5)坚持安全生产管理“五同时”,使安全生产贯穿于维修生产全过程。

(6)建立安全生产工作委员会,开展安全教育活动,实行安全工作群抓共管,全员参与。

(7)创造安全生产工作条件,不断改善劳动条件。

(8)严肃处理事故责任人及责任领导。

2. 机务(技术、检验)科(科长)安全生产责任制要点

(1)执行国家安全生产方针、政策、法律、法规,对车辆维修的工艺、设备安全负责,保证车辆的机械安全和技术质量。

(2)落实车辆生产作业过程中的安全管理制度和安全操作规程,严防工伤事故发生。

(3)严格执行国家和企业技术标准,严格检验制度,严禁“带病车”出厂运行。

(4)加强对特种作业人员和特种作业设备的安全管理,监控生产场地,作业环境和机具设备的运行安全。

(5)开展对员工的安全意识、知识及技能培训,参与对新工人的上岗前安全教育。

(6)组织对车辆保修质量及在用车的质量、安全抽查,并予以考核。

(7)参与对车损事故的抢险施救及事故调查、处理。

(8)定期组织对维修场地及车辆维修过程的安全生产检查、考核。

(9)完善安全管理台账记录。

3. 维修厂厂长(副厂长)安全生产责任制要点

(1)执行国家的安全生产方针、政策、法律、法规,按照安全生产“五同时”要求,组织单位生产,对维修安全生产负责,对维修车辆质量安全负责。

(2)建立健全厂安全管理机构,落实安全管理人员及管理责任,制订管理规章制度。

(3)定期召开安全工作会议，检查安全工作执行情况，查找厂区不安全因素，制订整改防范措施。

(4)开展员工安全教育、培训，营造全员参与安全管理氛围。

(5)定期组织维修安全生产检查，认真整改事故隐患，严惩安全违章、违纪人员。

(6)严格执行国家及企业标准，加强质量监控，严格检验制度，确保车辆质量安全。

(7)严格执行对特殊工种人员的审验及对特殊工种设备的检测、校验。

(8)制订事故防范措施，事故处理预案，参与事故抢险、施救及调查处理；严肃处理事故责任人及相关责任领导。

(9)健全安全管理台账记录。

4. 班组长安全生产责任制要点

(1)认真贯彻执行安全生产规章制度和安全操作规程，维护正常的生产秩序，对本班组安全生产负责。

(2)科学合理组织生产，督促本班组人员遵守安全规定，执行操作规程，协同搞好生产现场安全生产工作。

(3)开展安全教育，指导班组人员提高安全操作技能，增强自我保护意识，对新进班组人员进行岗位安全生产教育。

(4)维护员工安全生产的合法权益，抵制违反安全规定的“瞎指挥”。

(5)随时检查班组安全生产情况，及时制止和纠正违章违纪行为，发现事故隐患积极采取相应的安全保护措施，并向领导报告。

(6)发生事故立即抢救伤员、采取恰当措施，防止事故扩大并及时报告事故情况，保护现场，配合接受事故调查处理。

5. 维修人员维修安全生产责任制要点

(1)认真执行各项安全规章制度和安全操作规程，对本岗位及相邻工位安全生产负责。

(2)遵守劳动纪律，接受安全生产教育培训，提高安全意识和操作技能，增强对事故和险情的预防及应急处置能力。

(3)关心企业安全生产动态，熟悉企业安全生产流程，开展对岗位工作环境及质量的自查自纠，发现不安全因素及时排除并向领导报告。

(4)正确履行维修安全生产义务，行使维修安全生产知情权、批评检控权、拒绝权、紧急撤离权、工伤赔偿权、劳动保护用品领用权和依法享受工伤保险待遇及事故责任申诉等权利。

(5)发生事故和险情必须及时报告，妥善处理，积极主动参与事故抢险施救工作，保护事故现场，接受事故调查处理。

三、维修安全生产管理领导问责制

为加强对安全工作的考核和对不履行或不正确履行本职工作岗位安全生产责任，但又未发生事故的各级领导的查处，企业应建立安全生产管理领导问责制。

领导问责制所指的问责对象，是指企业各级领导不履行或不正确履行本职工作岗位的安全生产责任制，致使政令不畅，管理不善，秩序混乱，效能低下，隐患丛生，事故多发，使企业安全工作受到影响或受到有关监督部门批评或新闻媒体曝光，对企业造成不良影响后果的行为。

企业凡发生以下情况，应对相应的行政主要领导实行问责：

(1)安全规章制度贯彻执行不力，致使安全隐患或险情突出，危及安全生产的。

(2)无正当理由，不认真履行企业安全生产指示、工作决策或交办事项的。

(3)问责对象应积极配合调查工作，并吸取教训，加强安全管理，采取积极措施，尽量挽回不良影响及损失。

(4)调查结束，应写出调查报告，并交问责对象确认签字。

(5)企业领导收到调查报告后，应及时召开经理办公会，根据企业规定追究责任，进行处理。

(6)问责对象对问责决定不服的，可在收到处理决定后10日内向启动问责的部门或领导申请复核，复核可由上级或企业指定相关部门及相关工作人员进行，并形成复查报告。

(7)经理办公会应根据复查报告，做出修改或维持原处理决定。

四、维修安全事故行政责任追究制

为加强维修安全生产管理，以便在发生事故后对领导责任的追究，企业应根据《中华人民共和国安全生产法》和《国务院关于特大安全事故行政责任追究的规定》的精神建立安全事故行政责任追究制，以便于事故发生后，对企业的相关领导、管理职能人员以及其他负有安全生产责任的人员的安全事故责任追究、处理。维修安全事故行政责任要点如下：

(1)企业法人代表。企业法人代表是企业安全生产的第一责任人，承担企业安全生产的领导责任。

(2)企业监事会监事长、党委(支部)书记。履行企业安全生产工作的监督职能，对企业安全生产负有检查、指导、监督责任。

(3)分管维修安全工作领导。企业分管维修安全管理工作的领导是企业安全生产的重要责任人，对维修安全生产承担组织、防范、监督、检查的责任。

(4)总工程师或技术负责人。总工程师或技术负责人对企业的维修工艺流程安全、设备安全及质量安全负责。

(5)安全管理职能部门领导。安全管理职能部门领导对企业安全生产负有组织、指导、监督、检查、教育和事故处理的职责。

(6)维修厂领导。维修厂领导对管辖范围内的安全生产负有领导和管理职责，负有安全工作的监督、检查、教育和对违章违纪的处理责任。

(7)现场安全员。现场安全员负有维修生产现场管理、监督、检查、处理的职责。

(8)维修人员。维修人员有维护维修生产现场安全及遵守维修安全操作规程、规定的责任，有维护自身及他人安全的责任，有维护财产免受损失的责任。

(9)安全事故行政责任追究及处理：

①凡发生安全事故，均应对相关责任人员进行追究及处理；

②凡发生重、特大事故，因触犯法律、涉嫌犯罪的由司法机关依法处理的人员外，其余相关责任人以及按照事故分类，不属移交司法机关处理的事故相关责任人，按以下原则处理：

a. 企业各级领导在安全决策、指挥、管理工作中，不履行或不正确履行安全生产职责，情节较轻的，责令写出书面检查或予以通报批评；情节较重的，追究安全工作第一责任人和分管领导的责任，责令辞职或对其免职、降级或给予其他行政处分。

b.在安全工作中,有下列行为之一造成重大安全事故的,对负有领导责任的人员,给予警告或记过处分;对负有管理责任的单位,部门主管人员和其他有关责任人员,给予记过,记大过处分;造成特大事故的,对负有领导责任的人员,给予记过或记大过处分;对负有管理责任的单位,部门主管人员和其他责任人员,给予记大过、降级或撤职处分。

a)在其职责范围内,忽视对安全生产的领导或管理的;

b)对其存在的安全生产重大隐患失察的;

c)对安全生产工作督促检查不力、监管不到位的;

d)存在其他未正确履行安全生产管理职责行为的。

c.在安全生产工作中,有下列行为之一造成重大事故的,对负有领导责任的人员给予降级处分;对负有管理责任的单位,部门主管人员和其他责任人员给予撤职处分。造成特大事故的,对负有主要领导责任的人员,给予撤职处分;对负有管理责任的单位、部门责任人和其他责任人员,给予撤职直至解聘劳动合同处分。

a)明知存在重大事故隐患,不采取措施排除甚至放纵违章生产的;

b)对安全生产中的重大隐患拒不进行整改或敷衍塞责的;

c)在不具备安全生产条件下强行指挥生产,导致事故发生的;

d)不履行安全生产监督检查职责的;

e)存在其他严重违反安全生产职责行为的;

f)事故发生后,不按规定赶赴现场组织抢救、调查处理善后工作,不采取有效措施,以致造成更大损失或重大影响的;

g)对所发生的重、特大事故隐瞒不报,谎报或故意拖延报告时间的;

h)故意破坏事故现场的;

i)提供伪证或指使他人提供伪证的;

j)阻碍事故调查工作或不积极配合事故调查,隐瞒事故重要情节及物证,致使调查工作出现重大疏漏的。

(10)企业发生一般及其以下责任事故,根据事故损失及影响,按照管理职责和行为人在事故发生过程中的作用,分别确定领导责任人,管理责任人和其他责任人的相应责任,并依照企业有关规章制度,给予相应的处分。

五、机损、机械事故的认定处理

在汽车维修中稍有不慎便有可能引发机损或机械事故,给企业或用户造成极大损失。因此,必须严加防范,并对已发生的机损或机械事故进行认真的分析,找出原因及责任人并进行相应的处理。

1.机械事故、未遂机械事故以及机损的界定

(1)机械事故,应以公安交通管理部门的认定为准,一般特指因车辆的机械故障而引发的交通事故。机械事故根据所造成的后果分为四类,如表4-1所示。

(2)未遂机械事故是指已发生了危及行车安全的机械故障,但未引发交通事故的情况。未遂机械事故是汽车运输企业为加强对机械事故的预防,将此类情况视为严重的事故隐患而专门设置的,并将严肃处理。未遂机械事故还可根据未遂事故造成的后果分为一般未遂机械事故和重大未遂机械事故两类;一般未遂机械事故是指有关车辆安全的部位发生机械故障,有可能导致发生机械事故,但没有造成较重后果的事件;重大未遂机械事故是指涉险

10 人(含 10 人)以上的或危及重要场所和设施安全的未遂机械事故。

机械事故的分类 表 4-1

类型	特点
轻微机械事故	造成 5000 元以下直接经济损失
一般机械事故	造成 1 ~2 人重伤,或者 5000 元(含 5000 元)以上 5 万元以下直接经济损失
较大机械事故	造成 3 ~5 人重伤,或者 5 万元(含 5 万元)以上 20 万元以下直接经济损失
重大机械事故	造成 1 人(含 1 人)以上死亡,或者 6 人(含 6 人)以上重伤,或者 20 万元(含 20 万元)以上直接经济损失

机械事故及未遂机械事故的责任定性中有突发性、不可预见性的意外事故,即驾驶员及维修人员均无责任的机械事故。如制动系因某零件的突然断裂而失效、前轮爆胎等情况。也有有责任甚至负全部责任的机械事故,如在维修过程中,其安全部位已存在明显的装配或零件缺陷而没有排除,或因疏忽大意而导致了装配或零件缺陷,最后因此缺陷导致事故发生的。对其有明显的装配或零件缺陷,有导致引发机械事故的可能,后经发现,但没有造成机损、机械事故及未遂机械事故的,称为重大安全隐患。应进行严肃处理。

(3)机损就是机械的异常损坏,是指有人为责任的机械的异常损坏,是为控制废品、防止零件的早期损坏而设置和划分的。

2. 事故责任划分

(1)全部责任。因违反车辆保养作业规范或安全操作规程及技术标准,导致车辆发生责任事故过程中起直接、唯一作用因素的,负全部责任,简称全责。

(2)主要责任。在导致车辆发生责任事故过程中起主导作用因素的,负主要责任,简称主责。

(3)次要责任。在导致车辆发生责任事故过程中起一定作用因素的,负次要责任,简称次责。

3. 事故处理程序

(1)发生重大安全隐患和一般未遂机械事故时:

①事故单位要立即通知技术检测中心负责人,并在 24h 内向公司生产安全质量部报告;

②事故单位和技术检测中心应在第一时间内赶到事发地点,勘察现场,收集证词、证据,排除故障及尽快撤除事故现场;

③封存档案,保管好证物;

④由技术检测中心负责主持召集主营公司机务科及维修公司修理厂相关人员共同参与对事故的分析,找出事故的原因、分清事故的责任,并对事故做出鉴定分析及责任划分结论,5 个工作日内将事故分析报告交公司生产安全质量部。

(2)发生重大未遂机械事故、轻微机械事故和一般机械事故时:

事故单位应立即通知公司生产安全质量部及相应技术检测中心负责人,其所有相关人员应立即赶到事故现场,并由生产安全质量部主持召集事故分析会,在 5 个工作日内做出公司内部事故鉴定分析及责任划分报告,由公司处理。发生一般机械事故,事故单位和技术检测中心负责配合公安交警消防部门对事故的调查。

(3)发生较大以上机械事故时:

事故单位应立即通知相关技术检测中心负责人、公司生产安全质量部经理、副经理,公司分管副总经理。其所有相关人员应立即赶到事故现场,并由分管副总经理主持召集事故分析会，在5个工作日内做出事故鉴定分析处理报告。事故单位和相关技术检测中心配合公安交警消防部门对事故的调查。对触犯法律法规的相关责任人由公安司法机关依法处理，其他相关责任人由公司进行处理。

（4）其他情况的处理：

①如事故责任部门对事故分析报告所认定的事实有异议，可在5个工作日内向上一级行政职能部门提交书面申诉材料；

②对未遂机械事故隐瞒不报、谎报、拖延不报的，经公司查证属实者，给予责任事故单位500元扣款，给予单位负责人及相关责任人200～300元扣款；

③对机械事故隐瞒不报、谎报、拖延不报的，经公司查证属实者，给予责任事故单位1000元扣款，给予单位负责人及相关责任人300～500元扣款；

④对于发生相关物证及档案丢失或人为改变物证特征及涂改档案的，该单位承担事故的全部责任，对单位负责人及相关责任人200～300元扣款，对蓄意隐藏、销毁，破坏特征及涂改档案者，根据情节轻重追加行政处罚。规定由公司生产安全质量部负责解释。

4.机损、机械事故、未遂机械事故的调查分析

凡发生机损、机械事故、未遂机械事故，必须进行认真的调查处理才能警醒修理工及相应管理者，其中关键的一步为调查、分析、鉴定。做好调查、分析鉴定工作的要点为：调查、分析、鉴定是处理的基础和依据，因此必须要求调查过程要翔实，取证要严肃，分析要有理论依据，结论要经得起推敲。因此，企业必须要有一批为人公正、工作勤奋、办事认真、理论基础雄厚、懂专业技术的工程技术人员或汽车维修技师及高级技师。其调查、分析、鉴定的大致程序如下：

1）了解、调查第一现场

如发生机损或机械事故，应尽量保留现场，特别是实物。相关业务部门在得知信息后，应立即报告企业领导或技术部门，立即组织相关人员奔赴现场，获取第一手材料。在现场取证过程中，应注意保持原件模样，该拍照的应拍照，并应向相关的驾驶人员或修理工了解事故发生时的基本情况并形成记录，为进一步进行分析、鉴定提供参考。

2）召开分析、鉴定会议

对发生一般的机损、未遂机械事故，公安交管部门一般均不介入，由企业自行调查处理。常用的方式为分析、鉴定会议。

会议一般由企业技术负责人主持，相关职能部门人员及工程师、技师3人以上参加，工程师、技师应占参会人数的1/2以上。

会上应介绍事故细节，出示损坏物件，分析损坏成因，提供维修、使用原始记录，计算经济损失，并做出事故性质界定。会议应让参会人员充分发表意见，当意见难以统一时，不要急于下结论，并应进一步进行调查，取证及查阅相关资料，必要时，应请教一些汽车技术专家或特邀参加会议。结论应相当慎重，结论一出，不得随意更改。会议应进行记录，并形成一致性意见，参会人员应在分析、鉴定书上签字并注明职称、职务，体现鉴定的严肃性和权威性。

3）查阅原始记录，确定责任人

日常车辆维修过程，应建立汽车维修过程档案，何时、何地、何人进行过何种维修，应详实记录，特别是关系车辆安全的部位。为谨慎起见，一般作为检验人员还应亲自签字。一旦该车发生机损、机械事故或未遂机械事故，在追究责任人时，应以此作为依据。同时，一个事

故涉及多个责任人的，如修理工、检验员、甚至多个修理工及检验员的，例如：一个零件错装、漏装，在车辆作保养时，通过一般的检查均应发现而几次保养或检修时均未发现，那么错装、漏装的当事人有责任，后面保修过程中作检查的，含检验员也有责任。这时，在对责任人责任划分时，都不应放过，应根据问题的具体情况及每一个人在此事故中，如果按照作业规范操作，是否应发现隐患的难易程度来进行划分比例，当然造成事故发生的最原始的责任人应负主要责任。这样划分处理的目的，一是教育、惩处最先造成事故的直接责任人，同时也教育负有检查责任的其他责任人，使之警觉起来，对所有责任人进行处理，这是预防机损、机械事故、未遂机械事故的必要手段。

4）出具《机损、未遂机械事故鉴定报告》

5）处理、处罚

在企业管理中，应事先制订机损或未遂机械事故处理的相关规定，作为行政处理的依据，要将分析鉴定与处理分开，分析鉴定是作技术认定，处理是行政事务，一般不要把处理也交给分析鉴定小组进行，因为鉴定小组是一个临时组织，一般无权进行行政处理。

在具体处理时，应明确相关责任人，如同时有几个责任人时，应分清每一个人的责任大小，不可不问青红皂白各打五十大板，达不到处理一人、教育一片的效果，也将违背分析处理的初衷，是无益的。在处理时要让受处理者及其他员工弄清楚他为什么要受到处理，做到心服口服。

如受处理者觉得分析鉴定不当或运用处理条款不当，要允许受处理者申诉，企业接到申诉后应组织调查或复议。对于相关领导者有管理责任的，也应一并处理，不可护短。一旦护短，将损坏相关规定的严肃性，最后损坏的是企业的纪律。

第五章　机具设备管理

教学目标：

1. 掌握机具设备的使用方法；
2. 熟悉机具设备的维修管理要点；
3. 熟悉机具设备的改造、更新与报废的管理方法。

机具设备是进行车辆维护和修理作业不可缺少的设备，是促进汽车运输业发展的物质技术基础之一。机具设备管理是以设备为研究对象，以设备寿命周期费用最经济为目的，动员广大职工参加、研究其利用效率的综合管理活动。机具设备的管理应贯彻“安全第一”和“预防为主”的方针，坚持设计、制造和使用相结合，维护和修理相结合，修理、改造与更新相结合，专业管理与群众管理相结合，技术管理与经济管理相结合的原则。

机具设备的管理包括从设备的规划、选购、运输、验收安装、调试、使用、维护、修理、改造、更新和报废整个过程，管理的主要任务是通过技术和经济管理措施，对设备进行综合管理，保持设备的技术状况处于完好状态，不断改善和提高机具设备的技术水平，使设备的寿命周期费用最经济。

第一节　机具设备的使用管理

一、机具设备的规划、选购及安装调试

汽车运输和修理单位购置重要机具设备必须经过经济技术论证，建立和实行严格的项目责任制，把好选型、安装和质量验收关，为搞好设备的后期管理奠定基础。

运输和修理单位必须根据自己的生产特点和工艺过程，合理配备各种类型的机具设备。选择机具设备的原则是技术先进、经济合理，具体应注意以下几个因素：

(1)生产性：是指设备的生产率，用单位时间(h)内的产品产量来衡量，技术参数常用功率、行程、速率等表示。

(2)可靠性：指设备精度、准确度的保持性，零件的耐用与安全性等。一般以设备所加工的产品、零件的物理性能和化学成分，以及保证的工程可靠性等技术参数来表示。

(3)耐用性：是指设备的使用寿命要长。

(4)安全性：是指设备安全防护设的自动化程度，操作失误后防止事故的能力，如自动切断电源、自动停车装置等。

(5)节能性：是指对能源利用的性能。节能性好的设备，表现为热效率、能源利用率高、能源消耗少。一般以设备单位开动时间的能源消耗量(如每小时耗电量、耗气量)来

表示。

(6)维修性(可修性):维修性好坏影响设备维护和修理的工作量和费用。维修性好的设备,一般是指设备结构简单、零部件组合合理,维修时易于接近,可迅速拆卸、检查、零件互换性强等。

(7)环保性:指设备由于噪声、振动和产生有害物质所造成的环境污染程度。

(8)成套性:指设备要成套。如果设备不配套,设备的性能就不能充分发挥,全员劳动生产率就不能提高,可能造成经济损失。

(9)灵活性:有三个方面的内容,一是在工作对象固定的条件下,设备能够适应不同的工作条件和环境,操作使用比较灵活方便;二是对于工作对象可变的加工设备,要求能够适应多种加工性能,通用性强;三是设备结构紧凑,质量轻体积小。

(10)设备的投资:它是选择设备时要注意的重要因素,应综合考虑。在计算投资费用时,还应考虑采用新设备所带来的提高生产率,节约能源,保证产品质量等方面的经济效果。

各单位新购的设备抵达后,要认真做好安装、调试和验收工作,并及时将设备投入使用。对新设备使用初期在质量、效率、操作等方面存在的问题和故障,设备管理部门应及时与有关方面交涉。凡属进口设备,必须在索赔期内做好有关工作,以便及时索赔。对本单位自制设备必须组织设备管理、维修、使用方面的人员参加设计方案的研究和审查工作。设备制成后须经三至五个月生产试用期,并按有关规定组织技术鉴定和验收工作,有完整的技术资料。未经验收或验收不合格的自制设备不准投入使用。

二、机具设备的使用

正确合理地使用设备,才能充分发挥设备的效能,减少设备的磨损.保持其良好的工作性能和应有的精度。因此,企业必须建立健全设备的操作、使用规程和各种形式的责任制。设备操作者应熟悉和掌握设备的性能、结构、特点和维护修理技术,能按规定进行正确操作。凡未经培训或经考核不合格以及证机不符的人员,一律不得上岗或独立操作。对违章操作者应追究其责任。

在机具设备使用管理上,必须做到以下几点:

(1)设备操作实行定人、定机、凭证操作等操作制度,保证设备整齐、清洁、润滑、安全。

(2)设备润滑工作要配备专职润滑人员,做到“五定”(定人、定质、定量、定点、定期),并实行根据油质状态监测换油的科学方法。计量、检测设备应定期校验以保证其精度。

(3)设备操作者应努力做到“三好”、“四会”、“四懂”。“三好”指管好、用好、修好;“四会”指会使用、会维护、会检查、会排除故障;“四懂”指懂原理、懂结构、懂性能、懂用途。

(4)开展“红旗设备”竞赛活动。在日常管好、用好设备的基础上,通过定期评比,评选出“红旗设备”。评优活动不仅表彰了先进,鞭策了后进,而且可以总结、交流、推广好的经验,起到促进和带动作用。

(5)所有设备必须配备《设备安全操作规程》,并以醒目标牌挂示于设备旁,设备操作者必须严格按《设备安全操作规程》操作。

(6)设备运行中若发生异常现象和明显故障,操作者必须立即停止使用,做好安全处理、报修并报告主管部门按相关规定处理。

三、机具设备的技术档案管理

机具设备在移交使用并投产时，机务科或技术科应及时做好设备的分类、编号、统计，并建立完整的技术档案，企业技术管理部门应会同财务部门共同清点、登记，建立固定资产卡片、固定资产台账。

机具设备的卡片、台账和技术资料是企业管好设备的一种重要手段，应做到账、卡、物相符，技术资料齐全，原始记录准确完整，并定期检查，发现问题及时纠正。

1. 机具设备卡片

设备卡片又称固定资产卡片，是登记设备资产的一种账目形式。设备卡片是设备的简要档案，按设备统一分类编号，一台一卡，便于查阅，由机务科或设备动力科掌握。另外，凡设备在30台以上的车间，也应建立一本设备分类登记账册和一套设备卡片，由车间设备管理员掌握。

2. 机具设备台账

设备台账是企业用来记录设备资产的又一种账目形式建立的形式有两种，一是按设备的工艺性质，如按车床、钻床、铣床等逐一登记，便于掌握企业各类机具设备的状况；另一种则是按车间分班组逐台登记，以便了解各车间、班组拥有设备的情况。两者结合起来，就能全面反映企业设备的类型、数量和分布情况。

设备卡片、固定资产台账是设备技术档案的一个组成部分，一般存放于设备资料袋中。其他技术档案如设备调拨单、各种修理记录和验收单、设备事故报告表及其他技术文件也都存于设备资料袋中。设备资料袋一般由机务科或技术科保存，不随设备移交使用单位，因工作需要可以借阅。设备调拨时，其资料应随设备转入调入单位保存。

四、机具设备利用情况的考核

机具设备的利用率是衡量其使用程度和利用效果的经济技术指标，用以考核在一定时期内该型机具设备的利用情况，作为评价其经济效果，了解运用潜力的依据。

反映机具设备利用情况的指标有时间利用指标、能力利用指标和综合利用指标三种。

1. 时间利用指标

时间利用指标也称为时间利用系数，是指在日历时间或制度时间内，机具设备有效作业时间所占的比重。

考核时间利用系数的目的是发现机具设备在一定时间内尚存在的潜力，从而可根据需要和可能的条件采取相应措施，提高其利用程度。

2. 能力利用指标

能力利用指标也称为能力利用率，是指借助该型机具设备在每一小时的有效作业时间内的产量（或工作量）加以表示，也即该型设备单位时间的产量（或工作量）。

考核能力利用率的目的是发现该型机具设备在单位时间内是否充分发挥其能力。

3. 综合利用指标

综合利用指标也称为综合利用系数，是指平均一小时的日历时间或制度时间内的产量（或工作量），用来表示机具设备的利用程度。

上述三项指标是按照机具设备的不同类型分别加以考核，其目的均是更好地发现运用该机具设备的薄弱环节，以便有针对性的采取相应措施。提高机具设备的综合利用系数是提高企业经济效益,降低企业成本的有效途径。

五、机具设备的调拨

汽车运输企业各单位的机具设备一经配置,原则上不得自行调动。有时,为了适应生产的变化,在符合下列情况时,可以由质检技术部门按规定统一调拨设备:

(1)利用率不高或暂不使用。

(2)数量超出应配设备规定标准。

(3)由于生产条件限制或任务改变已不适应。

(4)适应紧急任务需要。

设备调拨时,应由质检技术部门统一填写调拨单,报主管经理批准后,再通知原使用单位与接收单位,并将技术档案、图纸、使用说明书、易损备件、附加装置、工具等一齐调出,调出和调入双方必须办理交接验收手续。所调拨设备的权属单位不变,其使用、维修费用,由使用单位支付。

六、机具设备的封存与启用

凡因生产任务不足或因工艺方式改变,机具设备闲置在3个月以上者,应实行封存保管。机具设备的封存或启用由使用部门提出申请,经机务科或技术科会同生产计划部门审查,领导批准后执行。设备封存前,由质检技术部门对封存设备进行鉴定,检查设备完好情况及技术状况,然后由设备使用单位的设备管理员填写设备封存,鉴定记录。经鉴定批准封存的机床设备或不能挪动的电气设备等,由设备使用单位就地封存。封存设备应达到以下要求:

(1)放尽余水、气、液体等,清洗干净各部件。

(2)切断电源,关闭所有动力管路以及各种阀门。

(3)清洗干净所有滑动轨面、传动轴以及外露无漆表面,涂防锈油。

(4)附属设备、附件和专用工具随设备一起封存。

(5)电气设备封存应采取防光、防潮、防腐措施。

(6)封存设备要有专人负责,保证设备完好、安全。设备封存单位应定期检查和保养设备,使之达到封存要求。

(7)设备封存后,应通知质检技术部门并填写设备封存登记册备案。

(8)设备封存期间,未办理启封手续不得启用。

七、机具设备闲置的处理

凡属长期不用或本单位不需要的设备可以申请处理,填写机具设备处理申请表。申请处理的机具设备,在未调出之前,由原使用部门保管。保管单位必须保持原机具设备的精度和完整及附件、工具齐全,做好清洁、润滑、防锈、防尘工作,严禁露天存放。当决定调出时,按设备调拨规定处理。

在批准设备处理申请到设备调出期间,属于待处理的机具设备应停提折旧。

八、机具设备损坏的处理

1.设备机损的界定及范围

(1)责任机损。因人为因素造成设备的非正常损坏、磨损、消耗。

(2)非责任机损。因原材料、零部件质量缺陷、不可预见和人力无法抗拒的突发性原因而引起的设备机损。

2. 机损的处置程序

(1)出现机损的单位应在机损事故发生的当天及时如实报告质检技术部门。

(2)质检技术部门应及时调查机损情况,对现场进行查勘、拍照、记录当事人口述时,要记录准确,依据充分,并保留机损的机件,及时将现场查勘结果向企业有关领导报告。

(3)对所发生的机损事故,由质检技术部门负责组织有关部门和相关人员进行机损分析,依据事实做出结论,分清责任,并提出具体处理意见及预防措施。

(4)质检技术部门在得到报告后,一般机损的分析不得超过 3 个工作日,重特大机损的分析不得超过 1 周。

3. 机损的分类及其责任划分参考

机损的经济损失均按工料费合并计算;一般机损,损失在 1000 元以下;重大机损,损失在 1000 ~ 3000 元;特大机损,损失在 3000 元以上。

违反企业有关操作规程,违章操作造成的机损由当事人负全部责任,在机损发生过程中起主导作用因素负主要责任,在机损发生过程中起辅助作用因素负次要责任。

4. 机损的处理建议

(1)对发生一般机损按所造成的经济损失,负全部责任赔偿损失金额的 70%,负主要责任赔偿损失金额的 50%,负次要责任赔偿损失金额的 20%。

(2)对发生重大机损造成的经济损失,负全部责任赔偿损失金额的 50%,负主要责任赔偿损失金额的 35%,负次要责任赔偿损失金额的 15%。

(3)对发生特大机损,负全部责任赔偿损失金额的 40%,负主要责任赔偿损失金额的 30%,负次要责任赔偿损失金额的 10%,并对责任单位罚款 500 ~ 1000 元。

(4)在赔偿金额计算中,若出现低于上一类同责机损赔偿金额时,按上一类同责机损赔偿金额赔偿。

(5)机损处理中所赔材料费由企业冲减维修材料费用,工时费由维修厂收取。

第二节 机具设备的维修管理

设备维修管理是设备管理的另一项重要内容。为保证设备的安全及提高设备的完好率,对企业内的各类设备均应进行认真的维护和修理。

一、机具设备的维修管理

1. 机具设备的维护管理

机具设备的维护分为日常维护和定期维护两大类。

日常维护主要以检查、清洁、润滑为主。主要检查设备的精度,安全保护及各部有无异常,清洁、润滑运动件及导轨。

定期维护一般以运行小时计算保养时间,如做性能检查及更换润滑油等。

如设备停机对生产影响不大,可以只安排日常维护和定期维护,少安排中修或大修,多根据故障状况进行针对性维修。但在每次定期维护及维修时,对关键部位应同时进行预防性检查,并做好检查、检测、维修记录,建立维修档案,以便根据零件损坏规律,事先提前准备相应配件及应急维修方案。

维护的注意事项如下：

(1)设备由保管者及操作者共同负责日常维护保养，班组负责监督考核。

(2)操作者必须将工具、工件、附件放置整齐。

(3)操作者必须随时保持设备内外清洁，无油垢、锈蚀，各部位不漏油、不漏气、不漏电，设备周围区域内地面无积水、杂物、油污。设备部件及安全防护装置齐全，安全可靠。

(4)设备润滑必须严格按要求进行，要保持油标醒目，油箱、油池、冷却箱、油毡、泊线必须保持清洁；油枪、油嘴齐全，油泵必须保持压力正常，油路畅通，各轴承、丝杆等部位润滑必须保持良好。

2. 机具设备的修理管理

(1)设备出现异常时，应立即向设备维修组报修，及时安排维修，修复时间大于48h时，必须报告质检技术部门。

(2)设备保养、修复后，验收人员应进行现场验收并签单。

(3)设备出现疑难故障，本企业无法修复时，由质检技术部门统一安排外协修理。

(4)设备进行送外维修后，由设备管理员填写《设备维修记录表》于每月底前交质检技术部门存档。

(5)各厂要根据实际情况对设备进行预防性检修，编制《设备维修保养计划》并监督执行。

(6)设备经修理后，应将故障及修理情况进行登记、分析、存档。

(7)各基层单位应制订设备管理，维修考核实施办法。

二、机具设备完好率的考核

1. 机具设备完好标准

机具设备的完好标准分为优级完好设备、一般完好设备、带病运转设备和停机检修设备四种。

1)优级完好设备的标准

(1)设备性能良好。如动力设备的技术性能达到原设计标准，机械设备精度达到原厂出厂检验精度标准，设备运转无超温、超压现象。

(2)设备运转正常，零部件齐全，没有较大缺陷，无不正常磨损及腐蚀现象，计量仪器、仪表和润滑系统正常，安全防护装置齐全。

(3)原料、燃料等消耗正常，没有漏油、漏气、漏水和漏电现象。

2)一般完好设备的标准

(1)设备性能基本良好。如动力设备的技术性能基本达到设计标准，机械设备精度能满足生产工艺要求，设备运转时无超温、超压现象。

(2)设备运转正常，零部件齐全，没有较大缺陷，无严重磨损和腐蚀情况，计量仪器、仪表和润滑系统正常，安全防护装置齐全。

(3)原料、燃料等消耗在允许范围内，基本没有漏油、漏气、漏水和漏电现象。

3)带病运转设备的标准

(1)设备运转不正常，经常出故障。

(2)设备精度达不到工艺要求。

(3)设备磨损、腐蚀严重，燃、润料消耗不正常，有漏油、漏气、漏水或漏电现象。

4)停机维修设备的标准

在检修期间，因检修而未投入生产的设备，考核时按检修前的实际情况计算。

2. 机具设备的完好率

机具设备的完好率是完好机具设备占全部拥有机具设备的百分率，它是反映机具设备技术状况的一个指标。

机具设备的完好率应按全部生产设备计算(包括备用、封存和检修的设备在内)，但不包括由基建部门管理和物质部门管理的设备。正在检修的设备，应按检修前的实际状况计算；检修完工的设备，按检修后的状况计算。计算公式如下：

$$\text{机具设备完好率} = \frac{\text{优级完好设备数} + \text{一般完好设备数}}{\text{同类设备总数}} \times 100\% \tag{5-1}$$

第三节 机具设备的改造、更新与报废

一、机具设备的改造

机具设备改造主要是改变局部结构，以改善和提高设备的性能与生产率，本质上则是在原有基础上进行的局部更新。

设备的改造宜结合大修进行。改造前必须进行技术经济论证。根据生产发展的需要，充分考虑改造的可能性，力求最经济有效地达到改造目的。

设备技术改造主要包括以下四个方面：

(1)节约能源，节约原材料，降低消耗，降低生产成本。

(2)改革设备结构，提高设备性能，使产品升级换代。

(3)合理地利用资源，提高综合利用水平。

(4)减轻劳动强度，保证安全，减少环境污染。设备改造后结构上发生的变更，应在设备技术档案及备件图中加以注明。

二、机具设备的更新

机具设备更新是指用新的、性能好的和效率更高的设备去更换陈旧的、不能再继续使用的，或在技术性能上已不能保证产品质量要求的，或继续使用在经济上已不合理的，或对环境污染严重，劳动强度大的设备。设备更新包括生产设备、工艺装备和计量测试手段的更新。一般来说，应优先更新下列设备：

(1)损耗严重和性能、精度已不能满足工艺要求，造成严重不利的技术经济后果的设备。

(2)大修时在经济上不如更新合算的设备。

(3)两三年之内浪费能源和原材料的价值，超过购置新设备费用的设备。

机具设备是否需要更新，不仅要根据设备的新旧程度或使用年限，还要看经济效果，认真进行经济技术评价。在设备更新过程中，要把购置新设备同自制设备结合起来，同加强对现有设备的维护修理结合起来，同设备的技术改造结合起来。另外，还应按有关规定合理地处理老设备。

三、机具设备的报废

凡机具设备具有下列情况之一者,应申请报废:

(1)经过预测大修后技术上仍不能满足工艺要求和保证产品质量的。

(2)因事故造成设备严重损坏,无法修复使用的。

(3)经大修后虽能恢复技术性能,但不如更新经济的。

(4)已超过规定使用年限的,其技术性能已达不到国家规范和规程要求,危及安全的。

(5)技术性能差、能耗高、效率低、经济效益差的。

(6)危害人身健康,严重污染环境,进行修理改造又不经济的。

(7)自制的非标准设备,经生产验证不能使用且无法改造的。

(8)国家或有关部门规定淘汰的设备。

机具设备报废必须经企业设备管理部门组织有关人员进行技术鉴定和经济分析,确认已达到报废条件时,填写在用设备"报废机具设备技术鉴定表",并按有关规定和顺序办理审批手续。在设备报废尚未批准之前,不得擅自拆除、处理设备或移作他用。对已批准报废的机具设备,任何单位不准将其转售他人继续使用。

第六章　物资采购供应管理

教学目标：

1. 掌握物资采购的流程和管理内容；
2. 熟悉物资使用质量监控的方法；
3. 熟悉物资仓储管理的要点。

第一节　物资采购管理

一、物资采购供应管理概述

1. 物资的分类

物资是汽车运输企业生产经营活动中最基本的条件，也是提高企业劳动生产率的物质基础，企业的生产过程同时也是物资的消耗过程。汽车运输企业的物资就是指在汽车运输企业的生产过程中，所消耗的各种生产资料。

在汽车运输企业中，物资主要包括如下几类：

(1)运行材料，包括各种油料和轮胎，其中油料主要指汽油、柴油、发动机润滑油、冷却液、齿轮油、制动液、制冷剂和自动变速器油等。

(2)维修材料，用于维修车辆或设备的各种配件。

(3)设施、设备和工具，用于保障车辆运行或进行车辆维修的设施、设备和工具。

(4)废旧料，包括车辆维修后回收的废旧料、报废轮胎和配件等。

(5)辅助材料。

2. 物资采购供应管理的内容

汽车运输企业的物资采购供应管理，是指汽车运输企业在生产经营过程中，对本企业所需物资的采购、使用和储备等进行的一系列管理工作的总称。物资采购供应管理是汽车运输企业管理的重要组成部分，汽车运输企业进行物资采购供应管理的主要目的是：通过对物资进行有效的管理，保证物资及时、合理地供应和正常储备，加快资金周转，降低生产成本，从而提高企业的服务质量和经济效益，提升企业的市场竞争力。

物资采购供应管理包括物资采购计划制订、物资采购、物资使用和物资储备等几个环节，其中物资采购计划的编制是汽车运输企业物资管理的首要环节，物资采购计划是企业进行订货采购工作和组织企业内部物资供应工作的依据。目前，综合物资、生产、财务等各部门的信息进行物资采购计划的编制，由物资部门监督计划落实的物资计划管理模式已经被越来越多的企业所采用。物资采购供应管理的内容如表6-1所示。

物资采购供应管理的内容　　表 6-1

项　目	功　能	项　目	功　能
基础管理	物资基本信息录入管理	信息查询管理	物资收发库存查询管理
物资进出存管理	物资入库登记管理		物资供应情况统计管理
	物资出库登记管理		各部门各项目月使用物资查询管理
	物资盘点管理	系统维护管理	用户和权限管理
			数据备份与恢复管理

二、物资采购管理

物资采购是指汽车运输企业为取得生产经营活动所需的物资而进行的购买行为。物资采购是企业的一种日常性的经济活动，不仅关系到企业的生产经营能否正常进行和资金周转的快慢，还直接影响到企业产品成本的高低、产品质量的好坏和企业的盈亏。因此，以比价、限价和定价采购为核心的物资采购管理便成为物资采购的主流模式。物资采购管理就是以实现物资采购经济效益的最大化为目标，对采购过程进行计划、组织、协调和控制等的一系列活动。

1. 物资采购管理的目标

物资采购的最终目的是使汽车运输企业本身具备竞争力，并使供应商增加利润。因此，物资采购管理的目标包括以下几个方面：

(1)保证物资的正常供应，保障企业的正常生产经营活动。

(2)保证所采购物资的质量。

(3)尽可能降低物资的采购成本。

(4)通过采购，提升企业竞争力，并与供应商建立良好的供应关系。

2. 物资采购管理的内容

(1)确定所需购买物资的质量和数量。

(2)调研市场供应情况，确定最佳的供应商。

(3)与供应商谈判，并签订供货合同。

(4)监督、控制供货合同的实施。

3. 物资采购管理的方法

汽车运输企业所需采购物资的品种繁多，市场供应情况复杂，因此，采购管理的方法也是多种多样的。下面介绍部分常见的采购管理方法：

(1)集中采购管理与分散采购管理。集中采购管理是指汽车运输企业在核心管理层建立专门的采购部门，对企业所需物资进行统一的采购管理。集中采购管理可以降低采购成本，提高采购效率，稳定与供应商的良好关系。分散采购管理则是对集中采购管理的一种补充和完善，对于小批量或单件物资的采购管理比较有利。

(2)直接采购管理与间接采购管理。直接采购管理是指汽车运输企业直接向供应商进行物资采购的管理。直接采购管理的环节少，信息准确、反馈快，供需双方交流方便。间接采购管理则是指通过中间商进行采购、汽车运输企业进行相应的协调和控制等管理。这种管理方法可充分发挥中间商的核心能力，分散汽车运输企业的采购风险，降低其采购成本。汽车运输企业的闲置物资或其他资源的交换管理就是一种间接采购管理的方法。

(3)比价采购管理、限价采购管理和定价采购管理。比价采购管理是指以综合对比为主要手段的物资采购管理。其中，综合对比的要素包括物资的质量与价格、采购的中间费用、售后服务、供货商的信誉以及货款的承付方式等。这种方法可以提高物资的性价比，拓展企业的物资采购渠道。限价采购管理和定价采购管理是比价采购管理的一种延伸，是指汽车运输企业在某些特定情况下，拟定所能接受的物资价格上限或具体数额，实行物资采购的限价或定价管理。这种方法可以有效降低企业的采购成本，提升其市场竞争力。

(4)即时采购管理。即时(Just In Time, JIT)采购是指汽车运输企业根据自己的物资采购需要，对供应商下达订货指令，供应商在规定的时间内把指定品种和数量的物资运送到指定的地点。对该过程进行有效管理可使汽车运输企业的库存量减至最小。

(5)供应商掌握用户库存采购管理。供应商掌握用户库存(Vender Managed Inventory, VMI)采购管理是指供应商直接掌握汽车运输企业的物资库存情况，根据运输企业的需要进行物资的采购。这种采购方法使汽车运输企业摆脱了繁琐的采购事务，减少了库存风险；供应商也能及时响应市场供求变化，提高了双方的经济效益。

(6)网上采购管理。网上采购管理是指借助于网络技术和计算机技术，在电子商务环境下进行物资的采购。这种方法扩大了汽车运输企业物资采购的市场范围，降低了采购成本，提高了企业的经济效益，还可加强汽车运输企业与供应商之间的联系。

(7)招标采购管理。招标采购管理是指汽车运输企业作为招标方提出采购要求，供应商进行投标，招投标成功后双方签订协议等的过程管理。真正方法可以提高汽车运输企业的采购效率，降低采购成本。同时，可以增加采购的透明度，激发供应商的供货创新能力。

4. 物资采购管理注意事项

物资采购管理的作用非常重要，要使采购达到既定目标，在采购管理过程中还应注意以下事项：

1)应进行物资采购质量监控

(1)抓好机务技术管理人员的质量教育，提高其质量意识，即凡是不合格或不适用的物资都是经济损失和浪费，从而促进提高采购物资的产品质量。

(2)把质量条款写进订货合同中。在采购过程中，加强对不合格物资的控制，杜绝不合格或不适用物资进入汽车运输企业生产经营过程，保证采购供应的质量。

(3)对已经认定的品牌供应商，不要轻易变动。并经常与供应商沟通，促进供应商的质量改进工作。

2)应进行物资采购价格监控

(1)收集常用物资的历史价格和供货渠道等信息，以供对比。

(2)对不同的物资，应综合考虑采用合适的采购方法，以提高采购质量、降低采购成本。如针对大宗物资，可直接向供应商订购。对于有多个生产厂家的品种可进行招标采购。对少量零星物资可定点、定店采购。

(3)随时对机务技术管理人员进行教育和监控，对违章违纪人员及时认真查处，以确保采购廉洁、价格合理。

第二节　物资使用质量监控

物资使用主要是指物资的配送与消耗。汽车运输企业往往通过统一进货、集中存放以及统一配送的物资管理模式来降低企业的物资管理成本。现在，汽车运输企业内部的物资配送更加灵活,出现了“即时配送”、“准时配送”和“变领料为送料”等新方式。汽车运输企业的物资使用管理,重点就在于物资配送方式的灵活性、多样性管理和物资消耗的可控制化管理。

一、物资的配送质量监控

1. 物资配送计划管理

物资的配送主要包括物资、车辆、人员、路线、地点和时间等功能要素。物资配送的顺畅与否关键在于配送计划安排的合理性。汽车运输企业应遵循顺畅、高效的原则,并结合本企业的特点,制定最合适的物资配送计划。

配送计划包括配送主计划、每日配送计划和特殊配送计划。配送主计划是指针对未来一定时期内,对企业内部的已知物资需求进行前期的配送规划,便于对车辆、人员、支出等进行统筹安排,满足生产经营的需要。每日配送计划是指针对配送主计划,逐日进行实际配送作业的调度计划。特殊配送计划是指针对突发事件、不在主计划范围内或者不影响每日配送计划而制定的配送计划。

进行物资配送计划管理时,应做到:

(1)提高物资配送计划的准确性,以配载运输为重点,避免临时或无计划配送。

(2)开展应急配送业务,制定实用、可靠的配送方案,保障应急状态下的物资供应。

(3)应用现代信息技术,即时处理配送计划报送、配送过程监控以及结算统计报表生成等,提高工作效率和准确性。

2. 配货管理

物资配送前需要把配送的物资挑选出来,称之为配货或分拣。配货可以采用自动化设备或手工操作方式,先根据汽车运输企业各生产单位的物资需求情况,确定正确的品种和数量,然后在仓库中挑选出相应的物资。

物资的配货方法一般分为两种,即拣选和分货。拣选是指在企业的物资储存仓库为每个生产单位拣选其所需的物资。这种方法适用于物资种类多、数量少的配货情况。优点是以出货单为单位进行拣选,不易出错,便于管理。但重复劳动次数多。分货是指企业把所需配送的同一种物资,从物资储存仓库先集中搬运到发货地点,然后根据各生产单位的需求情况进行分配。这种方法适用于易于集中运送、需求量大的同种物资的配货情况,其优点是节省时间和人力。

3. 车辆配装管理

车辆是物资配送的功能性要素之一,一般为汽车。车辆配装是指车辆的载质量和容积都能得到有效的利用。由于所需配送物资的种类不同,使得密度、体积和包装等都不一致,车辆配装管理的目的就是:在保证货物质量和数量完好的前提下,尽可能提高车辆在容积和装载质量上的利用率,节省运力,降低配送费用。

在车辆配装管理过程中,应遵循下列原则:

(1)组织轻重配装,轻的物资或包装强度差的物资放在上层。

(2)大小搭配,使小尺寸的物资和大尺寸的物资合理装载,可以充分利用车内空间。

(3)后送的物资先装,先送的则后装,方便卸货。

(4)外观相近、容易混淆的物资分开装载,包装不同的物资也分开装载。

(5)卷状或筒状等易滚动的物资竖直摆放。

(6)物资与物资之间、物资与车辆之间留有空隙，并加以衬垫。

(7)物资的化学性质、物理性质以及灭火方式相互抵触时，不能装载在一起。

(8)装载完毕，采用适当的稳固措施。

(9)车辆装载质量在额定允许范围内。

4. 物资配送路线管理

配送路线是指汽车运输企业各配送物资的车辆向各个生产单位运送物资时所需经过的线路。配送线路合理与否直接影响到配送的速度、车辆的合理利用程度和配送成本，因此，必须科学地制定物资的配送线路，一般应满足以下要求：

(1)满足企业所有物资需求单位对物资的品种、规格和数量等的要求。

(2)满足企业所有物资需求单位对物资送达时间范围的要求。

(3)在企业现有配送运力的允许范围内。

5. 物资配送质量监控综合管理

物资配送的目的在于最大限度地满足汽车运输企业生产经营的需要，因此，物资配送必须随着生产过程的进行而变化。在物资配送质量监控综合管理上，也应采取相应的措施：

(1)精简物资配送的中间环节，建立反应灵敏的配送链，使物资的配送及时、准确。

(2)建立物资库存监控系统，及时反应库存物资的入库、存储、出库情况，以便及时进行采购补充。

(3)加强对配送工作质量和服务质量的监督控制，加强对配送成本的控制考核，从制度上保证服务质量持续提高。

二、物资的消耗质量监控

1. 制定物资消耗定额的意义

生产过程中的物资消耗量是控制汽车运输企业生产成本的决定性因素，汽车运输企业应将物资消耗控制作为物资管理的重点。在物资管理中企业应制定科学、合理的物资消耗定额，并加以实施和考核，降低企业的运行成本。

物资消耗定额是指汽车运输企业在一定的生产技术和组织条件下，为完成单位工作量所需消耗物资的数量标准。制定物资消耗定额的意义在于：

(1)物资消耗定额是对物资消耗量的科学评价，是正确确定物资的需要量，编制物资采购计划的重要依据。

(2)物资消耗定额是企业制定物资采购计划、进行物资配送和库存管理、进行经济核算和控制成本的重要方法。

(3)物资消耗定额是监督和加强企业内部开展节能降耗的重要途径。

(4)物资消耗定额是提高企业生产技术水平、经营管理水平和员工操作水平的重要手段。

2. 物资消耗定额的种类

汽车运输企业物资的种类较多，物资消耗定额制定的类别也涉及维修材料、运行材料、设备工具和辅助材料等。

(1)按其作用，可分为主要材料消耗定额和辅助材料消耗定额。

(2)按其属性，可分为金属材料消耗定额、木材消耗定额和燃料消耗定额等。

(3)按其使用性质可分为生产消耗定额和基本建设消耗定额等。

(4)按其综合程度,可分为单项消耗定额和综合消耗定额等。

(5)运行材料消耗定额则包括燃料消耗定额、油料消耗定额和轮胎行驶里程定额等。

3. 制定物资消耗定额的原则

(1)合理制定定额。定额是一定时期内,汽车运输企业生产技术水平、经营管理水平和员工操作水平的综合反应,在制订时要从实际出发,把定额定在先进和合理的水平上。

(2)正确贯彻执行定额。凡是应该使用定额的生产部门和个人,都要使用和执行定额。机务技术管理部门则要给员工提供相应的技术培训和指导,提高完成定额的能力。

(3)严格进行定额考核。定额制定后一般应保持一定时期的稳定。技术管理部门应做好定额的完成情况记录和考核,搞好核算和激励。

(4)适时修订定额。随着企业技术水平和管理水平的提高,应进行定额的及时修订,确保其先进性。

4. 物资使用质量跟踪

采购来的物资在使用后更能发现其性能好坏。因此,物资的质量跟踪更要注重使用后的质量跟踪。可以采用两种方法进行质量跟踪:

方法一:事先确定要进行对比的同种类型物资,然后通过使用质量跟踪来验证物资的质量情况。这种方法可用于不同厂家的同品种产品的对比试验。对比试验应满足以下条件:相同的试验条件;成组对应试验;准确的试验记录。通过这种方法可以发现不同厂家生产的同种物资的质量的优劣,从而为后续的采购供应提供参考。

方法二:收集物资使用的反馈信息,查找质量问题。根据物资使用反馈情况开展调查、核实、取样检验和分析等,查找问题的症结所在,是使用问题还是质量问题。如涉及的确实是质量问题,应进行专门的检测或进一步的质量跟踪。

第三节　物资仓储管理

一、物资仓储管理的意义

物资仓储管理是指对仓库和仓库内所储存的物资进行的计划、组织、控制和协调等一系列管理。目的在于利用所具有的仓储资源提供高效的存储服务。物资的仓储管理主要包括仓储定额管理、物资入库管理、物资库存管理、物资出库管理以及废旧件管理等内容,如图6-1所示。

对于汽车运输企业来说,物资储备是保障生产经营正常进行的必要手段。现代物资仓储管理要求企业在满足现实生产需求和扩大再生产需求的情况下,尽可能地降低库存,加快资金周转、减少储备资金占用。物资仓储管理的意义如下:

(1)通过对物资实现分类管理,保证合理的库存量。如对供应充足、可即时购买的长线物资原则上不储存,对购消平衡物资合理安排进货时间、不储存,对采购相对困难的紧俏物资备有一定的库存量。

(2)通过对物资储备量实施实时的监控,及时将储备情况向上级汇报,防止库存超储或积压现象的发生。

(3)对于物资超储、积压现象,通过企业内部的物资代用、与供货商的协商退货或与其他企业的物资交换实现“双赢”。

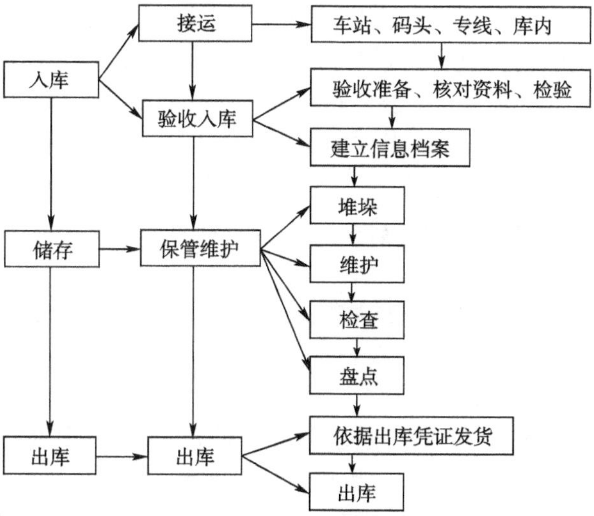

图 6-1　物资仓储管理的内容

近年来,我国有些企业实现了零库存管理,减少了资金占用量,为企业带来了较大的经济利益。零库存是企业物资储备管理的最优状态,是指物资在采购、生产、销售、配送等多个经营环节中,不以库存的形式存在,而是处于周转的状态。其实质并不是库存物资的库存量真正为零,而是通过实施特定的库存控制策略,实现库存量最小化。这种物资储备模式已经在世界范围内得到推广,我国汽车运输企业应该加大研究力度,促使其合理应用到企业的物资管理中。

二、物资储备定额管理

1. 物资储备定额的类型

物资储备定额也称为物资库存周转定额,是指汽车运输企业在一定的生产技术和组织条件下,为保证生产顺利进行所必需的、经济合理的物资储备数量标准。物资储备定额可分为经常储备定额和保险储备定额,有时还会有季节性储备定额,如图 6-2 所示。

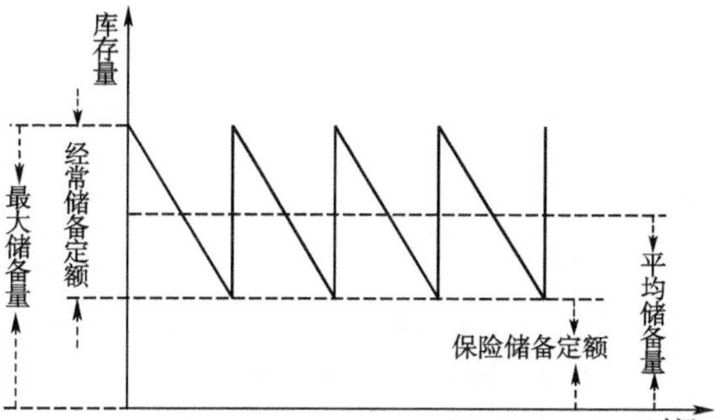

图 6-2　物资储备定额的类型

经常储备定额是指某种物资在前后两批入库的间隔期内,可保证生产正常进行所必需的储备数量。这种储备是动态的,当第一批物资进厂时,达到最大储备量,随着生产的不断消耗,物资储备量逐渐减少,直到下一批物资进厂前的瞬间,物资储备量降到最小。当下一批物资进厂时,企业的物资储备又达到最大。这样不断补充、不断消耗,使企业的物资储备始终在最大值和最小值之间变动,形成物资的经常储备。经常储备定额就是最大储备量与最小储备量的算术平均值。每个企业在生产经营中，对各种物资都必须建立这种储备定额，才能确保企业生产活动的正常进行。最大储备量计算公式如下：

$$最大储备量 = (进货间隔天数 + 入库准备天数)/2 \tag{6-1}$$

保险储备定额即最小储备量，是指在物资供应过程中可能发生的因运输误期、延期、质量、品种、规格不符标准以及计划超产等不正常情况下，能保证生产顺利进行所必需的储备数量。保险储备定额等于保险储备天数与平均每日需要量的乘积，其中保险储备天数按上年统计资料中实际到货平均误期天数确定。

季节性储备定额是指为了克服某些物资生产、运输和消费等的供应受到季节性影响而必须储备的数量。

2. 物资储备定额的制定原则

从保障生产的角度来看，物资储备越多越好；从减少资金占用的角度来看，物资储备越少越好；同时为减少采购成本，采购次数越少越好。因此，必须有一个合理的物资储备数量。汽车运输企业物资储备定额的制定方法如下：

(1)根据物资更换规律确定常用物资的最大储备量和最小储备量。汽车运输企业车辆维修材料的更换一般来说都是有规律的，如发动机润滑油、滤清器、正时皮带和制动器摩擦片等常用配件，都与车辆的行驶里程有关，通过统计就可知道何时有最大需求量。如本地区某些车型数量少，其常用维修配件难以临时找到，可事先安排一定的储备量；如本地区该车型维修配件较多，则可安排较少的储备量。

(2)根据使用量和进货渠道批量采购和储备物资。对一些使用量较大的物资，可以批量采购，并应尽可能向物资生产厂家或一级经销商采购。这样的方法虽然会使物资的库存量增大，但可减少部分中间环节，降低物资的采购价格，从而降低采购成本，而且只要库存数量是合理的且短期内是可消耗的，那么就是可行的和必需的。

(3)通过综合控制储备量保证储备定额。汽车运输企业通常还对物资供应部门采取一些措施，如库存资金占有量、资金周转天数等财务管理办法，对物资的库存进行宏观调控，而每种物资的具体库存量由物资部门进行控制。

三、物资入库管理

按照工作顺序，物资的入库管理大致可分为两个阶段，即入库前准备阶段和入库操作阶段。

1. 物资入库前的准备

物资采购工作结束后就可以进行物资的入库了。但物资入库前必须做好相应的准备工作，以使物资顺利入库储存。物资入库前的准备工作包括：

(1)编制物资入库计划。这是物资仓储管理的重要组成部分，是根据采购计划制定的。

(2)组织人力。根据物资达到的时间、地点和数量，安排适当的物资接运、装卸搬运、检验和堆码等人力。

(3)准备物力。根据入库物资种类、包装、数量和接运方式，确定搬运、检验和计量等方法，安排合适的车辆、检验器材、计量器具以及装卸、搬运和堆码等所需的工具和防护用品用具，如图 6-3 所示。

(4)安排库存位置和验收场地。根据入库物资种类、包装、数量和储存时间，结合堆码要求，核算物资需占用仓库的面积，进行必要的腾仓、清扫和消毒。准备好验收场地。

(5)准备苫、垫用品：根据入库物资种类性能和储备要求、仓库的具体条件等，确定入库物资的堆码方式、苫盖和垫垛方式，准备好足够的苫垫物品。

2. 物资的入库操作

物资的入库操作流程主要包括物资接运、卸货、物资标识与分类、核对进货信息、物资验收、入库信息管理和入库储存等，如图 6-4 所示。

图 6-3　装卸搬运工具

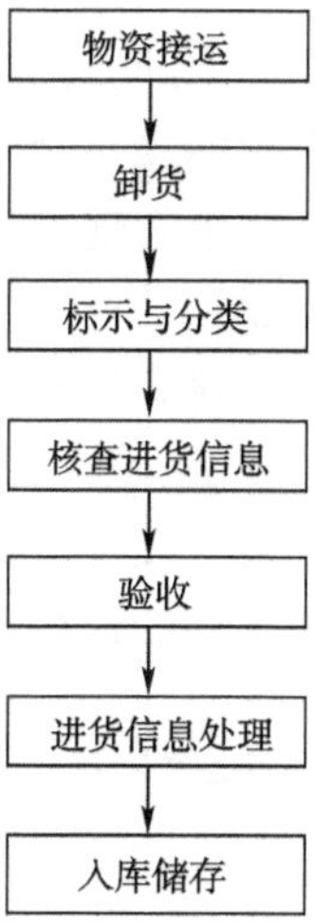

图 6-4　物资的入库流程

1)物资的接运

物资的接运有不同的方式，接运人员应注意采取相应的办法处理接运时的各种情况，还应做好接运记录。如接运时发现物资有差错，应做好记录并妥善处理。

(1)送料。是指供应商直接把物资送达汽车运输企业的仓库。物资到达后，由保管员或验收员直接与送料人员进行当面验收和办理交接手续。如有出错应做好记录并请送货人员签章。

(2)自接运。汽车运输企业直接到供应商处接运物资。接运的同时进行物资的验收。

(3)车站、码头接运。到车站接运物资时，需出示"领货凭证"。如凭证没寄到，需凭企业证明或在货票存查联上加盖提货专用章，才能接运物资。到码头接运时，提货人需事先在提货单上签名并加盖公章或带上企业提货证明，到港口换取货运单，然后到指定库房接运物资。

(4)铁路专用线接运。是指铁路部门把运送的物资直接送到企业的内部铁路专用线上。当物资运到企业内部专用线上后，接运人员和保管人员需进行卸车前的检查，包括核对车号、检查车门车窗和货封是否有异样，核对物资名称、数量等与运单是否一致。卸车时，应注意把物资按车号、品种和规格等分开堆码，并标明车号和卸车日期。卸车后进行车内的清理，关好车门窗，通知车站取车。接运人员还应做好卸车记录，并和保管人员办好交接手续，把卸车记录、运输记录和进货物资件数交给保管人员。

2)物资的入库检验

物资的入库检验是汽车运输企业控制物资质量的重要环节，是企业质量管理的第一道关口，在入库检验管理上必须做到以下几点：

(1)查验物资的文字资料，核对信息。凡是正规、标准的物资，都随同提供相应的文字资料，包括物资的名称、规格、型号、产地、厂家以及产品检验合格证等，总成件、整机和整车还应有产品说明书、质量保证书以及商标等信息。而假冒伪劣产品，往往提供不全、不实的信息，甚至为“三无”产品。物资入库检验的第一步就是要核对好这些重要信息。另外，还可以通过所提供的厂址和电话等信息，进行核实。

(2)检验物资的包装与外观。正规产品的包装比较规范，有统一的标准和规格，印字字迹清晰、正规，经过防锈蚀等保护处理。而假冒产品包装印刷比较粗劣，往往能很容易地从包装上找出破绽。因此，首先检验包装的规格、型号是否与采购单一致。然后拆开包装，检查零件或总成上的标志是否清晰，有无锈蚀或损伤，总成部件是否齐全等，以此直观判断物资的质量状况。如果发现单、物不符或包装破损、有异状，应将其单独存放，并协助有关人员查明情况，妥善处理。

物资的包装一般有外包装和内包装。其中，外包装包括物资的分类标志、供货号、货号、品名规格、数量、质量、生产日期、有效期限、生产厂名、体积、收货地点和单位、发货地点和单位、运输号码等，是为在配送过程中辨认货物而采用的必要标志，它对配货、接运和入库等环节管理起着特别重要的作用，如图 6-5 所示。

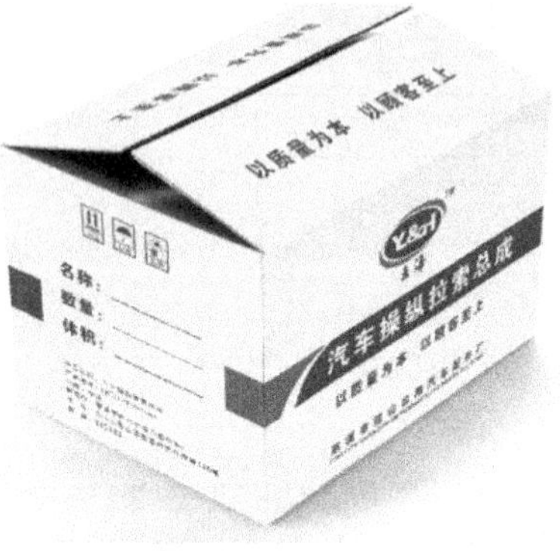

图 6-5　物资的外包装

(3)抽样检查。如果物资的种类和数量较多，可以采取抽样的方式查验。清查件数、合格证、内外标注的规格型号、厂家和产地等是否一致，物资表面是否有防腐处理，有无光洁度、瑕疵和损伤等。

凡是出厂原包装的产品，一般抽样点验的数量为 5% ~10%。如发现包装不符或外观质量有明显问题时，应适当增加抽样检验的比例，甚至全部检验。新产品入库，也不受此比例限制。对数量不多而且价值很高的物资、非生产厂原包装的或拼箱的物资、进口物资、包装损坏或有异状的物资等，都必须全部检验。经全部查验无误后，才能入库。

凡是抽检打开的包装，一律要恢复原状，不得随意损坏或者丢失。凡是质量有问题，品名、规格出错，证件不全，包装不合乎保管或运输要求的，一律不能入库，应将其退回有关部门处理。零星小件的数量误差在 2% 以内、易损件的损耗在 3% 以内的，可以按规定自行处理，超过上述比例，应报请有关部门处理。

(4)数量检验。对于按质量或按长度采购的物资，要进行称重或测量长度，并做好记录，以便计算和核对。数量检验是保证入库商品数量准确的重要步骤，依据入库单等有关凭证，按商品的品名、规格、等级、产地等，进行核对，以确保入库商品数量准确无误。数量检验可分为三种形式：

①计件。计件是按件数供货或以件数为计量单位的商品，做数量验收时的件数清点。一般情况下，计件商品应全部逐一点清。实际应用时可采用标记计件、分批清点和定额装载三种方法。标记计件是在清点大批量商品入库时，每一定件数的商品作一标记，待全部清点完毕，再按标记计算总的数量；分批清点是对包装规则、批量不大的商品入库时，将商品按行、列或层堆码，每行、列或层堆码的件数相同，清点完毕后，再统一计数；定额装载的方法主要用来清点包装规则、批量大的商品，可以用托盘、平板车等装载工具实行定额装载，最后计算入库商品的件数。

②检斤。检斤是按重量供货或以重量为计量单位的商品，做数量验收时的称重。金属材料、某些化工产品大多是检斤验收。按理论换算重量供应的商品，例如金属材料中的板材、型材等，先要通过检尺，然后按规定的换算方法换算成重量验收。对于进口商品，原则上要求全部检斤，但如果订货合同规定按理论换算重量交货，则按合同规定办理。所有检斤的商品，都应详细填写磅码单。

③检尺求积。检尺求积是对以平方或体积为计量单位的商品，先检尺后求积所做的数量验收。例如对木材、竹子、玻璃等验收，需要进行检尺计算求出平方或体积。

3）物资的入库信息管理

物资检验后，由保管人或收货人根据检验结果，在物资的多联入库单上签字，入库单的格式如表6-2所示。同时，在入库单上批注好物资存放的库房、货位编号等，以便登账、查货或发货。多联入库单在复核签收后，还应退还给货主一联作为存货凭证。

物 资 入 库 单 表6-2

批号		供应商名称			计划到货日期		运输车号		检验日期	
订单号码		供应商代码			实际到货日期		运单号码		检验单号	
物资类别	□批号物资 □办公后勤 □设备物资 □其他物资				供应商发票号		送货单号		运杂费单号	
序号	物资名称	物资编号	规格型号	颜色	订购数量	本批送货数量	实际到货数量	实际入库数量	明细账登录日	备注
1										
2										
3										
4										
5										
合计	万 仟 佰 拾 元 角 分 小写合计：									

采购部门经办	物资部门主管	收货部门		
		主管	实际入库	点收

然后根据入库单和有关凭证建立物资明细账，即分别按照入库物资的类别、品名、规格、批次、单价、金额以及存放位置等建立各种物资的保管明细账目。建立入库物资的保管卡片，并妥善挂放在明显的位置，以便物资进出库时及时核对记录。最好把所有的物资入库过程中涉及的有关证明、资料、进行整理核对，建立资料档案，以便物资保管和出库的管理。

四、物资库存管理

1.库存和库存量的控制

库存是指处于储存状态的物资，是仓储的最基本功能。汽车运输企业必须有一定量的物资库存，以及时满足生产经营的需要。但是，物资的库存量过大，又会增加物资积压、耗损等风险，而且增大库存费用。因此，企业应进行库存量的合理控制，以降低企业费用并减少不良库存。库存量控制的方法一般根据不同物资的特点和储存要求等而定。

1)ABC分类控制法

在汽车运输企业仓库里储存的物资中,只有少数物资品种价值高、占用资金多,属于库存费用和企业资金占用成本的主要部分。而大多数物资品种价值低、占用资金少,属于资金占用成本的极小部分。因此,在进行库存控制时,按照上述特点进行分类和控制。把价值高和占用资金多的物资分为A类,实行资金的重点管理;把价值低和占用资金少的物资分为C类,实行资金的一般管理;把特点介于两者之间的物资分为B类,根据具体情况实行重点或者一般管理,如表6-3所示。

ABC分类控制法 表6-3

控制类型	物资特点	品种占有比例	资金占用比例	管理类别	库存方式
A	价值高、品种少、研制周期长、须成批采购、逐年变化快	约10%	约70%	重点管理	每月核对库存,定期订货
B	价值中、品种中	约20%	约20%	可重点管理,也可一般管理	储量减少时定量订货
C	价值低、品种多、研制周期短	约70%	约10%	一般管理	少量订货

ABC分类控制法适用于采购物资数量大,人力、物力、财力有限,且需保证重点物资的情况。其优点是可简化管理工作,提高经济效益。

2)定期订货控制法

定期订货控制法是指对库存物资定期进行盘点,按固定时间提出订货量,并随即提出订购,补充至一定数量。这种方法适用于必须严格控制的重要物资,需要量大且可预测的物资,发料繁琐且难以进行动态库存登记的物资等。其优点是按固定时间订货,可以组织集中采购,降低采购成本。

3)定量订货控制法

定量订货控制法是指对发生动态收发的物资进行随时盘点,当库存量降到订货点时提出订货。每次的订货量不变,订货时间随物资需求量的变化而变化。订货点是指提出订货时物资的库存量,计算式如下:

$$\begin{aligned}\text{订货点量} &= \text{备用时间需用量} + \text{保险储备量} \\ &= \text{平均每天需用量} \times \text{平均备用天数} + \text{保险储备量}\end{aligned} \tag{6-2}$$

定量订货控制法适用于价格低、需用量稳定、备用时间短的物资。其优点是不易出现缺货,保险储备量少,尤其适合计算机管理。

4)定期、定量综合控制法

定期、定量综合控制法是以物资的最高、最低库存量为基础进行库存控制的,实行定期检查,当库存量等于或低于订货点时及时提出订货,订货量可变;当库存量高于订货点时不能提出订货。这种方法适用于需求量少但变动大的物资,其优点是订货次数少、订货量大、费用低且库存水平高。

2. 物资储存保管

物资储存保管是物资在仓库储存期间的保管,是物资保管的一个环节。物资的保管在物资入库、储存以及出库的各阶段都要进行,这样才能保证物资的完好性。物资的储存保管主要包括分类整理、堆垛、安全管理、维护管理、检查和盘点等内容。

1）物资分类分区管理

物资分类整理的原则是安全、方便与节约，应在物资的性质、维护措施和安全措施基本一致的前提下进行统一规划，分区分类储存。

物资分区分类时，可以按照物资的种类和性质归类，然后集中存放。也可以按照物资的危险性质归类，把化学品、危险品等储存在适当的区域。

为便于查找，物资分区储存时，还对其位置进行编号，一般采用“四号定位”方法。即用库房或库区号、货架号、货架层号和货位号组成一组数码来表示一个货位，并尽可能与账页编码一致。如图6-6所示为四位定位法及其示例，图中3-7-2-1表示3号库区、7号货架、第2层、第1号位置。有时，为防止库房编号出现误解，可在库房号后面加上拼音字母，如K、P和C，分别代表库房、货场和货棚。

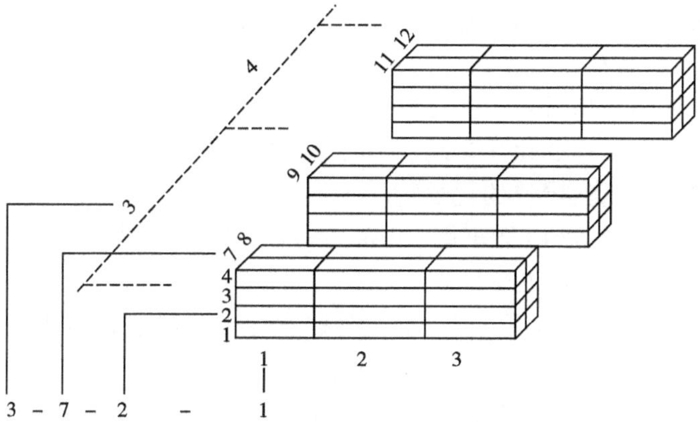

图6-6　货架货位的四号定位法示例

2）物资堆垛管理

堆垛是指根据物资的包装形状、质量和特点，结合存储时间和库房承载能力等堆码成合适的垛型。

堆垛的要求有：物资的包装完好，质量和数量已知；垛底有衬垫或比四周地面高；货垛与墙壁、屋柱、库房顶部、顶灯以及货垛之间应留有足够的距离；货垛必须稳固，且不会压坏底层物资和地面；排列整齐，节省货位。

堆垛的方式主要有重叠式、交错式、压缝式、宝塔式、五五化式和托盘式等。

（1）重叠式：逐件逐层码高物资，如集装箱、钢板等的堆码。

（2）交错式：把长短一致、宽度排列可以和长度相等的物资一层横放、一层纵放，交错堆码成方形。

（3）压缝式：垛底底层排列成方形，第二层起压缝堆码，每件物资都压住下层的两件物资。

（4）宝塔式：与压缝式相似，只是在四件物资的中心上方堆码，逐层缩小。

（5）五五化式：以五为计数单位，堆码成总数是五的倍数的货垛，使物资“五五成行、五五成方、五五成包、五五成堆、五五成层”。

（6）托盘式：物资直接放在托盘上存放。物资从装卸、接运、入库直至出库都放置在托盘上。

3）物资安全与维护管理

物资的安全储存需要相应的条件，如温度、湿度、空气和阳光等。在物资的储存过程期间，要注意及时维护，保持物资安全储存所需的合适的温度、湿度等条件。

如金属物资储存的关键是防止锈蚀和碰伤。因此库房应干燥通风，远离有害气体，库房内不宜存放化学药品和酸、碱等腐蚀性物品；不能靠墙堆放；摆放在地面时，应垫上木板以防受潮。

轮胎和橡胶件等物资容易老化，库房不宜经常通风，且应避免阳光直晒。库房的温度和相对湿度应适宜。货区应远离矿物油、硫化物、酸、碱、水和火源。

危险化学品和油料管理有其特殊要求，要点如下：

（1）危化品库房建筑必须符合《建筑设计防火规范》（GB 50016—2006）的要求，必须符合防火、防爆、防雷和防静电等要求。

（2）危化品库必须按规定配备消防器材和消防设施。

（3）危化品库必须有专人管理。

（4）易燃、易爆化学物品必须分类存放。

（5）容易发生燃烧、爆炸的化学物品，不得放在潮湿的地方。

（6）阳光照射容易燃烧、爆炸的化学物品不得露天存放。

（7）危化品的包装与容器应当牢固、可靠、密封，如出现破损、残缺、变形或有物资的变质、分解等情况时，应立即进行安全处理。

（8）危化品库内及其附近不得进行试验、分装、焊接、维修或动用明火等可能引起火灾的作业。

（9）危化品库如需进行火灾隐患整改，必须确定施工方案和事故应急预案，写出书面申请，报请公安消防机关批准后，才能按施工方案和应急预案进行施工。

4）物资的盘点

物资的盘点是指定期或临时对库存商品的实际数量进行清查、清点的作业，即为了掌握货物的入库、在库和出库的流动状况，对仓库现有物资的实际数量与保管账上记录的数量相核对，以便准确地掌握库存数量。在汽车运输企业，仓库储存物资的出入库较为频繁，为及时掌握各种物资的库存量以及库存资金占用量，避免物资的短缺丢失或超储积压，保持账、卡、物相符，应进行日常的和定期的盘点等工作。

（1）日常盘点。这种盘点不定期，是一种局部性的盘点。盘点方法有两种，一种是动态复核，即对每天有收发动态的货垛，收发货后随即查点结存数，这种核对花时少，发现差错快，可以有效地提高账货相符率；另一种是巡回复核，即在日常翻仓整垛、移仓或过户分垛后，对新组合的货垛或零散的货垛，安排巡回核对点数。一般由库管员进行日常盘点。

（2）定期盘点。是指在月、季度或年度组织清仓盘点小组，全面进行盘存清查，并造出库存清册。一般安排在月末、季末或年末进行。盘点时，按批清点库存数量，以实存数对卡、对账，核完作出已盘点标记。填写《物资盘点明细表》（表6-4）后，应对盘亏、盘盈应作出结论性意见；对数额差异较大的情况应追究其原因，并采取措施以预防再度发生。季度和年度的定期盘点，一般由企业组织相关人员进行，既是对物资库存的摸底，也可以进行相应的监控。

（3）重点盘点。是指根据工作需要，为某达到种特定的目的而对仓库物资进行的盘点和检查。如发生管理人员工作调动、意外事故和搬迁移库等情况时应进行重点盘点。

物资盘点明细表　　　　表6-4

填报单位：　　　　　　年　　月　　日　　　金额单位：元

名称	类别	产品件号	单位	数　量		盘点结果		重量		金额		备注
				账面数	实盘数	盈	亏	单重	总重	单价	总金额	

注：对呆滞一年以上的物资，必须在备注栏注明已呆滞的时间和用途；上述所有项目必填。

主盘人：　　　　盘点人：　　　　制表人：　　　　复盘人：

定期盘点和重点盘点时均应有财务人员负责监盘，监督保管人员进行实物清点、确认，同时检查各种物资堆放是否合理，库存量是否合适，有无过期、损坏情况存在，盘点情况登记在相应的《物资盘点明细表》上。然后填写《盘存报告表》（表6-5），填写处理意见并上报，报告表根据物资的盘点情况有多个。

盘 点 报 告 表　　　　表6-5

表一：　　　　　　填报单位：

序号	名　称						名　称			名　称		
	规格1			规格2								
	入库	出库	余额	入库	出库	余额	入库	出库	余额	入库	出库	余额
1												
2												
3												
4												
合计												

对于盘点后出现的盈亏、损耗、规格串混、丢失等情况，应组织复查，落实、分析产生的原因，及时处理。

①储耗。对易挥发、潮解、溶化、散失、风化等物资，允许有一定的储耗。凡在合理储耗标准以内的，由保管员填报“合理储耗单”，经批准后，即可转财务部门核销。储耗的计算，一般一个季度进行一次，计算公式如下：

$$合理储耗量 = 保管期平均库存量 \times 合理储耗率 \tag{6-3}$$

$$实际储耗量 = 账存数量 - 实存数量 \tag{6-4}$$

$$储耗率 = 保管期内实际储耗量 / 保管期内平均库存量 \times 100\% \tag{6-5}$$

实际储耗量超过合理储耗部分作盘亏处理，凡因人为的原因造成物资丢失或损坏，不得计入储耗内。

②盈亏和调整。在盘存中发生盘盈或盘亏时，应反复落实，查明原因，明确责任。由保管员填写《库存物资盘盈盘亏报告单》，一式三联，经仓库负责人审签后，按规定报经审批、留存。盘盈盘亏报告单格式如表6-6所示。

库存物资盘盈盘亏报告单 表 6-6

经管部门： 年 月 日 编号：

品名	编号	规格	单价	账面数量	盘点数量	盘盈		盘亏		说明	拟处理对策与建议
						数量	金额	数量	金额		
(副)总经理批示				财务部门	部主管	主管	制表人	经管部门	部主管	主管	经管人

③报废和削价。由于保管不善，造成霉烂、变质或锈蚀的物资；在收发、保管过程中已损坏并已失去部分或全部使用价值的物资；因技术淘汰需要报废的物资；经有关方面鉴定，确认不能使用的物资，由保管员填制《物资报废单》报经审批。由于上述原因需要削价处理的，经技术鉴定，由保管员填制《物资削价报告单》，按规定报上级审批。

④事故。由于被盗、火灾、水灾或地震等原因以及仓库有关人员失职，使物资的数量和质量遭到损失的，应按事故向有关部门报告，并按企业有关规定处理。

在盘存过程中，还应清查有无本企业多余或暂时不需用的配件物资，以便及时进行处理。如适当削价，与供应商协商退换货或把这些物资调剂给其他需用单位。

五、物资出库管理

物资出库管理是指仓库按照出库凭证，把所需物资发放给需用单位时进行的管理。物资出库是物资储存保管阶段的终止，也是物资管理的最后一个环节。做好物资出库管理对改善仓库经营管理，降低仓储成本，提高服务质量具有重要的意义。物资出库管理包括两方面的内容，一是需用单位出具正式的出库凭证，如领料单、提货单或调拨单等，凭证上已写明需领物资的品种、规格、型号、数量以及提货方式等；二是仓库管理人员需核查凭证，组织出库，保证及时准确发放。

1. 物资出库发放要求

物资出库的基本要求是准确、及时和安全，即按照正式的出库凭证，及时地、保质保量地发放所列出的全部物资。出库原则如下：

（1）先进先出，推陈储新。为避免物资长期存放而超过其储存期限或增加耗损，在保证物资使用价值的前提下，坚持先进先出、推陈储新的原则。另外，使保管条件差的物资先出、容易变质的物资先出、保管期限接近的先出、回收利用的先出、包装简易的先出。

（2）凭证发货。按照正式单据和手续出库，非正式凭证或白条一律不予发放。这是物资"收有据、出有凭"的重要原则。

2. 物资出库流程

物资出库的流程如图 6-7 所示，包括出库前的准备、核对出库凭证、包装、复核以及交接清理等。

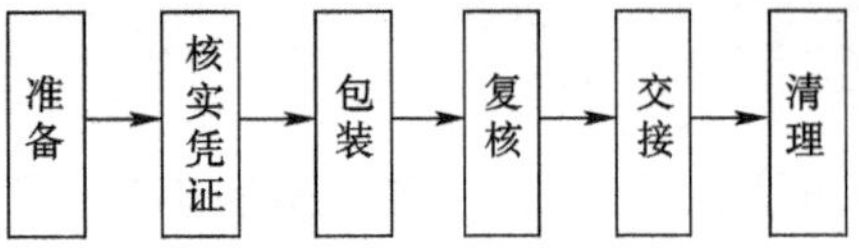

图 6-7 物资出库的流程

1）出库准备

物资出库前的准备工作包括物资出库所需的理货场地、装卸搬运设备、包装用的材料或衬垫物、工具、人员组织、出库物资的包装和刷写等。

物资出库前需准备好必要的理货场地和装卸设备，以便进行后续的准备工作和需用单位人员的提货。物资在入库、库存等情况下，可能因多次装卸、堆码、翻仓和拆检等，使包装受损，出库人员应根据具体情况加固或更换包装。有些物资如需拆零出库，应事先准备好零散物资。需装箱、拼箱的物资，应事先进行物资的挑选、分类和整理，准备好相应的包装材料或衬垫物、刷写用具、标签、钉箱、打包工具等。

2）核对凭证

领料单是由领用物资的单位或人员根据所需领用物资的规格、数量等填写的单据。为明确物资领用的责任，领料单除了要有领用人的签名外，还需要主管人员和仓库保管人员的签名等。领料人到仓库中领取所需物资时，须由仓库管理人员确认并出具出库单方可领取。出库单的格式如表6-7所示。

出　库　单　　　　表6-7

No. ____________

提货单位：　　　　出库日期：　年　月　日　出货仓库：

物资编号	品名	规格	单位	计划数量	实发数量	备　注

主管审批：　　　　提货人：　　　　仓库：

注：本单一式四联，第一联：仓库联；第二联：财务联；第三联：提货人存查；第四联：统计联。

出库工作人员接到领料单后，应认真核对物资的编号、品名、规格、数量等有无差错和涂改，签章是否齐全。审核无误后，再按照出库单上所列的物资品名、规格、数量和仓库账目，做全面的核对。

3）包装

原包装受损需更换的物资或需装箱、拼箱的物资等，应进行包装或衬垫，刷写和粘贴标签等。

4）复核

仓库复核人员按照出库单，对出库物资的品名、规格、数量等，进行再次核对，以保证出库的正确性。复核的具体内容包括：每件物资是否有装箱单，装箱单上所列各项是否与实物和凭证相符；怕振怕潮的物资是否衬垫稳妥，密封是否严密；领料单位、箱号、危险品或防振防潮等标志是否正确、明显；包装是否便于装卸搬运。如出现不符合要求的情况，应立即调换，并把错发物资的标记去除后退回原库。

复核人员再对结余物资的数量进行复核，检查是否与保管账目、卡片相符，如不符应查明原因，及时处理。

5）交接

出库物资经复核无误后，即可把物资交给领料人，办理交接手续。在装车时，出库工作人员和领料人必须在场监督整个过程，并同时清点实际装车件数。点清后，领料人应在出库单上签章；出库工作人员应在出库单上填写实发数、发货日期等内容，并签章。

6)清理

物资出库后的清理包括现场清理和档案清理。现场清理是指对库存物资、库房、场地以及装卸设备等的清理。档案清理是指对仓库的收发、维护、盈亏数量等情况的整理。物资出库完成后,出库工作人员应及时注销物资明细账目、料卡,调整货位上的吊牌,以保持账、卡、物一致,准确、及时反应物资出入库的动态。

3. 物资出库注意事项

(1)在领取物资时,凡是能交回的旧物,必须先交旧物才能领取新物。特殊情况须经主管经理批准。新交来的旧物由仓库妥善保管,需要销毁时,需经总经理批准。

(2)不允许无单提货。主要指没有正式提货凭证而要求提货,如以“白条”和电话提货。遇到这种情况,不能发货。

(3)要有正规的出库凭证。发货前验单时,如发现出库凭证有问题,如抬头、印签不符,有涂改痕迹,超过了提货有效期等,应立即向主管部门反映。配货后复核时发现凭证有问题,仓库应立即停止发货作业。

(4)单货不符。发货前验单时,如发现提货凭证所列物资与仓库储存的物资不符,一般应将凭证退回开单单位,经更正确认后再发货。如遇有特殊情况,经主管部门批准后,可以先行发货,但应做详细记录,并在事后督促需用单位及时补办更正手续。若配货后复核时发现所备物资与提货凭证所列不符,应立即调换。

(5)包装损坏。对物资外包装有破损、脱钉或松绳的,应更换包装或进行加固,以保证运输途中的物资安全。如物资出现霉烂、变质等质量问题或有数量短缺,不允许以次充好或以溢余补短缺,妨碍企业的正常生产和经营。

六、废旧物资回收管理

1. 废旧物资回收的目的

废旧物资是指陈旧(闲置)的或废弃的,或在日常生产生活过程中所剩余的价值不大的物资。汽车运输企业的废旧物资主要包括:陈旧物资、报废物资、二手物资、库存物资和生产经营活动中所产生的物资。例如废金属、废电子、废电池、废油、废塑料等,废旧物资中有相当一部分可以重复利用和作为再生资源。因此,废旧物资的回收利用就具有重要意义。

(1)回收一些有修复价值的物资,以便修旧利废。

(2)原材料,如钢铁、有色金属、橡胶、塑料、油品等,可以作为再生资源回收。

(3)可以避免废旧物资乱丢乱扔影响环境卫生和安全。

(4)防止有些物资,如废蓄电池中的铅、酸等有害成分污染环境。

2. 废旧物资回收的方法

汽车运输企业在废旧物资的回收工作中,首先要制定废旧物资回收制度,制定回收考核标准、品种范围以及回收方法,并进行落实考核。

对废旧物资应进行分离、分类和废弃处理。来自沉积物收集装置的物质、带有污物的废油、清洗零件后的油水混合物等在内的废弃物必须按环保要求进行处理。

维修车间换下来的旧配件,应进行清点和清洁打包,并填写清单,如车牌、车型、旧件名称、数量等。车主不能带走的可修旧配件,存入旧配件库,不能利用的作为废品处理。对可修件进行修理,然后造册登记、分类存放,并要防止油污、硫酸等污染环境。旧件储备到一定量后,要及时处理。可修旧件修理合格后作为储备配件,降价处理给用户使用(事先说明情况）。

下列废弃物必须单独收集以便于回收利用：废润滑油、稀释剂、冷清洁剂和除锈剂、制动液、冷却液、玻璃、橡胶、塑料、纸张和纸板、蓄电池电解液、蓄电池、抹布以及油漆废料等。如图6-8所示为某具有固体废物处置资质企业的废润滑油处理装置。

图6-8　废润滑油处理装置

第七章　技术教育培训管理

教学目标：

1. 掌握车辆使用技术教育培训管理的内容；
2. 掌握车辆维修技术教育培训管理的内容；
3. 了解技术人员管理的要点。

随着汽车运输企业的发展，为了提高竞争力，实现可持续发展，企业有必要加强对员工的技术教育与培训，提高员工的知识和技能水平，提升员工的整体素质，以适应科学技术不断发展进步的新要求。汽车运输企业的技术教育与培训包括汽车的使用与维修两个方面，使用技术教育与培训对象主要是驾驶员，维修技术教育与培训对象主要是机务技术管理人员和维修人员。教育培训的内容各有侧重。

第一节　车辆使用技术教育培训管理

一、车辆使用技术教育培训的必要性

车辆的正确使用是汽车运输企业降低使用成本，提供安全、及时、低耗、高效的运力以及节能减排的关键因素。车辆的使用者主要是驾驶员，车辆使用技术的教育和培训对象以驾驶员为主。提高驾驶员的操作技能水平是机务技术管理的重要环节。

2011 年交通运输部制定了《道路运输驾驶员继续教育办法》（交运发[2011] 106 号），目的是规范道路运输驾驶员继续教育，强化其安全意识、责任意识、法制意识和服务意识，提高安全和节能驾驶职业技能，进一步提升驾驶员职业素质。该办法认为：继续教育是指为不断提高道路运输驾驶员的职业技能和职业道德水平，使其知识和技能得到更新的多种形式的教育。该办法规定：接受继续教育是道路运输驾驶员的义务，道路运输驾驶员应当按照规定接受相应的继续教育，继续教育周期为两年；继续教育坚持以具有一定规模的道路运输企业实施为主的原则。

《中华人民共和国道路客货运输驾驶员继续教育大纲》（交运发[2011] 475 号）规定了道路旅客运输驾驶员继续教育大纲和道路货物运输驾驶员继续教育大纲。包括道路交通运输法规，社会责任与职业道德，道路旅客（货物）运输驾驶员职业心理和生理健康，道路旅客（货物）运输车辆，道路旅客（货物）运输行车危险源辨识，道路旅客（货物）运输防御性驾驶方法及不安全驾驶习惯纠正，紧急情况及应急处置，道路旅客（货物）运输知识，道路旅客（货物）运输节能减排等九个单元，共 24 学时。表 7-1 所示为道路旅客运输驾驶员继续教育大纲。

道路旅客运输驾驶员继续教育大纲 表7-1

序号	名　称	教学内容	学时数
单元一	道路运输法规	国家和行业的相关法规政策； 省级人民政府及行业主管部门的法规政策	2
单元二	社会责任与职业道德	道路旅客运输驾驶员的职业特点； 道路旅客运输驾驶员应履行的社会责任； 道路旅客运输驾驶员职业道德包含的主要内容	2
单元三	道路旅客运输驾驶员职业心理和生理健康	驾驶员心理、生理健康对行车安全的影响； 影响心理、生理健康的主要因素； 心理健康调节方法；酒后驾驶、疲劳驾驶的危害； 道路旅客运输驾驶员常见职业病及其预防措施	2
单元四	道路旅客运输车辆	客运车辆动态监控要求和正确使用； 客运车辆的维护及相关安全备品、工具使用； 道路旅客运输车辆常见故障的识别、描述和实用的故障排除方法； 道路旅客运输车辆行车前、行车中和收车后的安全检查方法步骤和重点项目	2
单元五	道路旅客运输行车危险源辨识	危险源辨识的基本概念； 驾驶员、其他交通参与人的不安全行为危险源辨识； 车辆、行李物品等的不安全状态危险源辨识； 道路的不安全因素危险源辨识； 夜间、特殊天气及自然灾害的负面影响危险源辨识	3
单元六	道路旅客运输防御性驾驶方法及不安全驾驶习惯纠正	防御性驾驶的通用规则； 防御性驾驶方法； 超速、疲劳驾驶、注意力分散等不安全驾驶行为原因分析及其习惯纠正	6
单元七	紧急情况及应急处置	制动失效、转向失控、爆胎、车辆侧滑失控、发动机熄火、车辆起火，行人、牲畜突然横穿道路等紧急情况的处置原则、方法； 事故报告程序、内容； 事故现场的处理步骤、方法； 事故现场保护旅客安全的原则； 车辆发生碰撞、侧翻、坠车、落水、起火等事故后的脱困方法； 驾驶员或乘客突发疾病的应急处置	3
单元八	道路旅客运输知识	道路旅客运输“三关一监督”和“三不进站、五不出站”的安全管理规定； 乘客出行心理、服务需求； 旅客运输成本核算、运营调度及服务规范； 服务纠纷等异常情况的处理； 旅客禁止携带危险品种类、规定及其识别	2
单元九	道路旅客运输节能减排	影响客运车辆燃料消耗的主要因素； 道路旅客运输节能的方法途径； 旅客运输节能驾驶操作规范	2

按照该大纲的教学目标，通过继续教育，可以使驾驶员提高道路运输过程中意外情况的处置能力、提高安全行驶和节能减排的技术水平。因此，汽车运输企业应贯彻落实《道路运输驾驶员继续教育办法》，组织本企业驾驶员参加继续教育培训。通过驾驶员教育培训工作，培养安全文明的高素质驾驶员，保障道路交通安全，提升人们的生活品质，实现企业和社会节能减排的良好效果。

二、车辆使用技术教育培训的内容和方法

1. 车辆使用技术教育培训的内容

1）新进驾驶员上岗教育培训的内容

汽车运输企业新进的驾驶员对本企业的规章制度、车辆情况等都不够熟悉，因此，应进行有针对性的教育培训，重点掌握下列知识和技能：

（1）与道路运输相关的法律法规和政策。执行这些法律法规以及政策的目的是提高驾驶员的职业道德、提高道路运输的安全性和通行效率。对法律法规的敬畏之心也是维护社会公共秩序的基本要求。驾驶员必须熟练掌握道路交通安全法律、法规、交通信号等相关知识，具备有效辨认、遵守各类道路交通信号和标志标线的基本能力；养成尊重生命、遵守交通法律法规的良好驾驶习惯，在全社会积极营造文明有序的行车环境。同时，学会利用法律法规保障自己的合法权益。

（2）职业道德。职业道德是驾驶员从事职业驾驶活动中应当遵循的行为规范和准则，是长期以来自然形成的，依靠文化、内心信念和习惯，通过员工的自律来实现。驾驶员必须具备较强的职业道德，无肇事逃逸、开故障车、饮酒驾驶、疲劳驾驶、超载、长时间占用超车道、违章超车会车等不良道德行为；时刻把人民群众的生命安全、企业的财产安全放在首位，安全驾驶，规范操作，提供优质服务。

（3）企业车辆技术管理规定。汽车运输企业制定有车辆技术管理规定，驾驶员必须首先了解这些规定，才能在驾驶过程中依照这些规定，严格执行车辆的使用、维修和技术经济定额等规程；才能严格遵守考核制度，实现企业制定的各项目标。

（4）车辆的结构、工作原理和性能特点以及运输线路的情况。不同的车辆有不同的结构性能特点。因此，驾驶员必须进行车辆基本知识的教育，尽快掌握车辆的主要结构、工作原理和使用性能特点，为正确合理使用车辆打下良好基础。提前了解运输线路的具体情况，也能做到心中有数，尽快适应驾驶条件，为安全行车打下基础。

（5）驾驶操作规程和日常维护要点。新进驾驶员应掌握车辆的驾驶操作规范、日常维护作业内容，维持车辆良好的技术状况，提高车辆的完好率。应熟练掌握一般道路、夜间道路和特殊气候条件下的驾驶要求，养成良好的安全驾驶习惯，有效规避和降低事故风险，同时提高节能减排效果。

如某汽车运输企业规定的驾驶员安全操作规程，大致内容如下：

①驾驶员必须自觉遵守法律法规和公司制度，严格执行操作规程，做到"集中思想不麻痹、谨慎驾驶不急躁、中途行驶不冒险、礼让三先（先让、先慢和先停）不抢道"；

②驾驶员要管好、用好车辆，随车带上"三证"（驾驶证、行驶证和营运证），不准将车辆交给无证人驾驶，做好车辆的维护以及安全运输；

③驾驶员应认真执行"三查"（出车前检查、行驶中检查以及回公司后检查）制度；

④驾驶员要防止"四漏"（漏油、漏水、漏气和漏电），并检查是否补充；

⑤坚持以下情况不出车:安全设施部齐全有效;备修工具未带好;制动器作用不良;喇叭不响;轮胎气压不符合标准;灯光不亮;雨刮不灵;

⑥出车前严禁饮酒。车辆起步前应看清前后左右有无行人和障碍物,然后鸣号起步行驶。行驶中不准吸烟、饮食和闲谈;不准戴耳机、耳塞听录音广播;不准赤足、露背;

⑦杜绝疲劳开车,连续开车不得超过3h,24h内累计开车不得超过8h;

⑧在雨、雪天或冰冻、泥泞的道路上,应减速行驶,雾天要开雾灯,低速缓慢行驶,能见度不到10m不准行驶;

⑨驾驶员应熟练使用灭火器,会正确使用车载通讯设备。

日常维护要点一般包括如表7-2所示的内容。

车辆日常维护要点以及技术要求 表7-2

作业时间	作业项目	作业要点	技术要求
出车前	外观与附属设施	检查车身、车厢、防护栏、防护板、随车工具等	车身整洁完好;车厢底板平整;安全防护措施牢固、齐全;随车工具齐全有效
		检查轮胎气压	轮胎气压符合规定
		检查、清洁风窗玻璃、后视镜; 调整后视镜角度	风窗玻璃、后视镜清洁,后视镜角度正确
		客车检查车门、行李箱门和发动机罩锁止情况	各门和盖开启自如,锁止可靠、位置正确
		罐式车检查罐体、罐盖、管线、阀门和泵体等	罐体、罐盖、管线、阀门、泵体无损伤、无渗漏
		危险品运输车检查标志灯、标线、标色、导静电装置、灭火装置等	标志灯、标线、标色、导静电装置、灭火装置等齐全、清晰
		厢式车检查密封情况	锁止机构安全可靠,无遗撒、泄漏
		自卸车检查举升锁止装置	举升锁止装置安全可靠
		挂车检查安全锁止机构和机挂连接线路	锁止装置安全可靠;各部连接线路工作正常
	添加作业	检查发动机油	清洁;无变质;液面高度符合规定
		检查发动机冷却液液面高度、动力转向油液面高度、制动液液面高度	液面高度符合规定
		检查燃油箱与燃油量	燃油箱盖安装牢固;燃油量足,不足时及时添加
	发动机运转	检查发动机怠速以及运转情况,听查发动机各部响声	发动机运转平稳、无异响;怠速及踩下加速板时排气管无严重冒烟情况
		检查有无四漏现象	各部位无渗漏
	灯光、仪表和报警装置	检查灯光、喇叭、刮水器以及其他信号装置的工作情况	喇叭、灯光、刮水器以及其他信号装置齐全有效
		检查仪表的指示情况、报警装置的工作情况	各仪表指示正常;各报警装置工作正常
		检查行车记录仪和GPS的工作情况	行车记录仪、GPS工作正常
	转向	检查转向盘自由行程	自由行程符合规定
	制动	检查制动踏板行程以及工作情况	自由行程符合规定;制动灵敏有效
		检查驻车制动器工作情况	驻车制动器自由行程符合规定

作业时间	作业项目	作业要点	技术要求
行车中	车辆状况	观察各总成工作情况	各总成无异响、无异味；发动机运转平稳；换挡平顺，无跳挡现象；直线行驶无跑偏；轮毂无过热现象；制动灵敏有效
	仪表	观察各仪表工作情况	各仪表工作正常
收车后	外观	清除车上杂物、尘土和油污等	全车清洁
	风扇皮带	检查风扇皮带	皮带松紧度符合规定；皮带无剥落、老化等现象
	空气滤清器	定期清洁滤芯，必要时更换；必要时清洁滤清器	滤清器清洁有效；管路连接可靠，无破损等现象
	蓄电池	清洁蓄电池、接线柱和通气孔；检查电解液液面刚度和接线柱连接	蓄电池和接线柱清洁；通气孔通畅；液面高度符合规定
	渗漏	检查车辆“四漏”情况	无“四漏”
	车轮和轮胎	检查轮胎沟槽；检查车轮紧固螺母	轮胎沟槽内无石子、扎钉等杂物；螺母紧固、无松动
	转向	检查转向节臂、横拉杆、直拉杆等杆件的连接情况	各杆件连接牢固，锁销齐全
	制动	检查制动系统各连接部位；气压制动系统检查储气罐	制动系统工作可靠，无泄漏
	车架与车身	检查车架与车身	各部位齐全完好；螺栓无松动；车身周正无歪斜
	停放	切断电源	按规定停放并切断电源

驾驶员每周例行检查内容包括：

①检查并添加蓄电池电解液，清洁完蓄电池外部；

②检查车轮紧固螺母是否松动；

③紧固半轴螺栓，检查底盘漏油情况，如有及时报修；

④润滑全车所有需润滑部位；

⑤清洁空气滤清器滤芯和油水分离器。

(6)典型交通事故案例警示教育、紧急情况应急处置等。通过组织典型交通事故的案例分析，教育驾驶员提高安全行车的思想意识，掌握紧急情况下的应急处置、伤员自救、急救以及常见危险品的辨识等基本知识，有效应对各种突发事件，最大限度地减少发生道路交通事故时的二次伤害。如遇到紧急情况时对车辆的控制、发生交通事故时及时求救等。

2)在岗驾驶员教育培训的内容

在岗驾驶员对自己主开的车辆比较熟悉，一般在有下列情况时，需要接受教育培训：

(1)新的法律法规解释，道路运输行业重大问题决策与分析或行业相关要求专题。

(2)驾驶员营运线路调整，新增线路，新设备、新技术和新方法推广与使用，优秀驾驶员交流。

(3)车辆基本结构分析，使用要点和注意事项。

(4)高速公路应急预案。

(5)日常维护作业规范。

(6)对驾驶中出现的违法违章等问题进行分析讨论，总结经验教训。

2. 车辆使用技术教育培训的方法

一般来说，汽车运输企业应以内部教育培训和自学教育培训作为教育培训的主要手段，还可聘请外部专职人员或专家进行培训，或聘请外部专业人士进行指导等。开展教育培训和指导的方法较多，主要如下：

(1)内部日常教育。根据企业内不同的岗位、不同的工作时段和不同的工作任务性质，因地制宜、随时随地进行使用技术教育培训，引导驾驶员提高预防常见事故和突发性事故的应变能力。

(2)组织节油经验交流。驾驶技术直接影响到车辆的燃油消耗。不同驾驶员在相同路线、相同使用条件下驾驶相同的车辆，油耗也有较大差异。提高节能驾驶技术是行之有效的节能方法。如发动机低温起动后要预热，行车途中发动机要保持正常工作温度，一挡起步缓加速，选择正确时机换挡，经济车速行驶以及安全滑行等。机务技术管理人员应经常组织驾驶员交流节油经验，纠正不良操作方法，探讨节油措施。以此促进驾驶员自我完善，不断优化操作技能，提升节油意识。

(3)开展驾驶技能竞赛。技能竞赛可分为理论和实操两部分，理论重点考核道路交通安全法规、新修订的车辆使用规定，也包括车辆日常维护、驾驶员驾驶车辆注意事项、雨雪雾天行车安全等；实操技能比赛考核车辆侧方移位、原地掉头、圆饼路直角转弯、通过连续障碍、装卸轮胎以及防滑链安装等项目。汽车运输企业应通过组织驾驶技能竞赛，让驾驶员接受法律法规教育，提高其理论水平、安全行车意识和驾驶技能，营造“比、学、赶、超”的良好氛围。

(4)举办各种活动。如结合安全生产形势，组织“安全生产知识竞赛”、“安全生产演讲比赛”、“安全生产活动月”、“安全演练”等主题活动，教育员工注重安全生产，教会员工熟练使用各种设备、工具，掌握应对突发事故的处置程序。

(5)聘请外部专职人员或专家进行教育培训。如法律法规释义、新技术讲座、专题培训等，包括发动机新技术、节能减排技术、驾驶技术、维修技术、故障检测诊断技术等各个方面。

三、车辆使用技术教育培训注意事项

(1)汽车运输企业应重视驾驶员的教育培训，设立驾驶员继续教育机构，建立健全继续教育考核制度。培训考核方式可以是理论考试、写论文或培训期间的行为、能力与智力的表现考评或后期的跟踪考核等。培训的结果还应与驾驶员的工资、晋升、职业生涯发展等紧密联系起来，以提高驾驶员对教育培训的重视程度。驾驶员教育与培训考核的有关资料还应纳入其教育与培训档案保存，并有一定的保存期限。驾驶员教育与培训档案的内容记录应包括：教育培训内容、培训时间、培训地点、授课人、参加培训人员签名、考核人员、管理人员签名、培训考试情况等。

(2)应充分研究教育培训的需求，有计划、有目的地开展教育培训工作，并进行效果考核和跟踪反馈。避免教育培训课程和内容的针对性不强或造成走过场的现象。驾驶员的文化素质不同，对新技术、新设备的理解和应用有差别。因此，应重视实际操作技能的培训，并丰富培训的内容，提高驾驶员学习新技术新知识的积极性和主动性。

(3)应设置合适的教育培训场所,配备相应的教育培训器材,保证教育培训的费用。培训的关键在于改变驾驶员的技能,他们有能力并希望在培训中参与讨论、案例分析等互动。应灵活采用各种方式提高他们听讲、参与讨论等的兴趣。

(4)正确处理培训与生产的关系。驾驶员生产任务较为繁重,不可能有很多相对集中的时间来完成培训。因此,应充分利用驾驶员收车后,车辆交接待岗期间,或者是定期召开的各种例会上,安排一定的时间进行操作技能培训。

(5)落实好教育培训的责任。应安排专人负责驾驶员的教育培训工作,保证培训授课人员认真实施培训内容。驾驶员是车辆保持良好技术状况的第一责任人,对车辆日常维护的好坏起着至关重要的决定作用。因此,应通过培训,强化驾驶员的责任意识,提高对车辆进行日常维护的能力以及自觉性,节能降耗,促进机务技术管理的发展。

第二节 车辆维修技术教育培训管理

一、车辆维修技术教育培训的意义

近些年来,汽车运输企业为了适应生产的需要,纷纷采购高技术含量的车辆。CAN 总线电气系统、涡轮增压系统、柴油共轨喷射系统、无刷式交流发电机、ABS 防抱死制动系统、空气悬架、缓速器、冷暖空调以及各种电子控制系统等技术含量较高的装备在车辆上的应用日趋增多,传统的维修工艺和维修方法已不能满足和适应车辆维修的需要。机务技术管理人员和维修人员必须提高维修技术,才能跟得上时代的发展和技术的进步,企业进行维修技术攻关也是势在必行。车辆维修技术教育培训的意义在于:

(1)提高机务技术管理人员和维修人员的维修水平。随着汽车技术的发展,车辆日趋高档化、电子化。如果仍采取机械零部件维修的方法,粗暴操作和不规范操作,就有可能导致电子零部件的损伤或增加新的故障,使维修成本增加。因此,企业针对车型的保有情况,对机务技术管理人员和维修人员进行多种形式的教育培训,使其养成良好的故障诊断分析习惯,形成规范的维修操作方式,就能提高其故障诊断能力与维修操作水平,提高维修质量。

(2)提高工作效率和维修质量。随着新技术在汽车上的应用和车辆维修的需要,企业根据车辆的配置,适时增加技术含量较高的维修设备,提高维修机械化程度,可以提高车辆故障诊断的准确率,防止错误判断导致的不必要的经济损失,从而减轻维修人员的劳动强度,缩短维修工时,提高工作效率和维修质量,降低企业维修成本。

(3)提高经济效益,增强企业竞争力。技术教育与培训是企业生产力的重要组成部分,加强机务技术管理人员和维修人员的教育培训,可以提高维修质量,降低维修成本,提高企业的经济效益。机务技术管理人员和维修人员掌握的新知识、新技能越多,企业的整体维修素质就越高,企业的市场竞争力也就越强。

二、车辆维修技术教育培训的内容

(1)与车辆维修相关的法律法规、政策和标准等。汽车运输企业应按照《机动车维修从业人员从业资格条件》(GB/T 21338—2008)、《机动车维修技术人员从业资格培训技术要求》(JT/T 698—2007)以及配套考试大纲的要求,组织机务技术管理人员和维修人员学习掌握车辆维修的法律法规以及相关政策,了解各种标准和规范,使其提高规范操作意识和维修安全意识。

(2)车辆维修要点。随着车辆制造水平的逐步提高,车辆的具体配置发生变化,需突破以前制定的维修定额;车辆制造工艺水平的提高以及道路条件的改善,使得车身骨架、车架等的维修也要做相应调整。因此,要适当调整车辆维修的要点并进行教育培训,提高机务技术管理人员和维修人员的维修适应性和解决常见维修疑难问题的能力。

(3)车辆维修检测设备操作规程。为了提高企业的维修效率,减轻维修人员的劳动强度,企业应加快维修检测设备和机具的更新。淘汰效率低下的设备仪器,引进技术先进的维修设备和机具。因此,机务技术管理人员应针对新设备的操作规程,及时组织机务技术管理人员和维修人员参加培训,掌握操作规程,提高维修设备使用能力。

三、车辆维修技术教育培训注意事项

(1)企业应高度重视维修技术的提高,精心组织,认真开展教育培训工作。注重车辆维修技术和实际操作能力的培训,全面提升机务技术管理人员和维修技术人员的整体素质。尤其应重视新车型、新技术的教育培训以及推广应用。

(2)应加强与故障诊断专家和维修专家的交流互动,进一步推动机务技术管理人员和维修人员学维修技术、练维修本领的主动性,努力提高他们的综合素质、专业技能和创新能力。

(3)应组织维修技术攻关,提高维修质量。企业成立技术攻关小组的目的是集中企业维修人才,发挥集体的智慧,整合维修优势,对维修过程中出现的技术难题进行攻关,使车辆维修技术和维修质量有所突破。并通过对一线维修人员的技术培训,提高维修人员整体的维修技术水平,从而适应本企业车辆不断更新换代和维修技术不断调整的新要求。因此,应充分发挥技术攻关的作用。

(4)应加大考核奖惩力度,并将考核结果与维修人员的收入相结合,作为维修人员各类评比活动的主要依据,促进培养维修人员的责任心,提高其学习维修技能的自觉性。

(5)应经常开展维修技能比赛,营造“比、学、赶、超”的良好氛围。如通过检测发动机维修基础数据、发动机故障排除、维修注意事项、活塞连杆组装、前桥二级维护、转向系与变速器故障分析等竞赛,带动维修人员相互交流、相互学习,提高其故障诊断分析能力和维修技能。

第三节　技术人员管理

美国著名管理学者托马斯·彼得斯认为:“企业或事业唯一真正的资源是人,管理就是充分开发人力资源以做好工作。”汽车运输企业管理制度的核心就是通过对人的管理来强化对事的管理。机务技术管理所涉及的技术人员主要包括基层管理人员、驾驶员和维修人员等。在汽车运输企业,基层管理人员、驾驶员和维修人员具有专门的管理经验和技术,他们不仅为企业创造效益,而且对企业的发展具有很大的影响。因此,加强对这些人员的管理,提高他们对企业的忠诚度,充分发挥他们的才能,为企业创造更高的价值。

一、驾驶员管理的重点

驾驶员队伍是汽车运输企业最为关键的因素,是运输生产力的组成部分。驾驶员队伍建设和管理应跟上形势发展的需要。

(1)提高驾驶员的职业素质。驾驶员都应认真学习、自觉遵守《中华人民共和国道路交通安全法》和企业的各项规章制度,树立良好的职业道德和敬业精神。另外,通过各种激励机制,让驾驶员认识到驾驶岗位的重要性和自身的价值,为乘客提供安全、方便、快捷以及文明的营运服务,确保行车安全,提高企业的经济效益和社会效益,提高市场竞争力。

(2)驾驶员应自觉接受企业各级领导和各级管理部门的管理,积极接受各种教育培训,努力提升自己的综合素质。驾驶员的聘用、考核、年度审验、换证、岗位调整以及肇事处分等,由机务技术管理部门根据企业的相关规定进行管理。

(3)进行驾驶员信息档案管理及考核。信息档案实行一人一档制,包括驾驶员的基本信息、心理和生理健康状况、安全运营情况、诚信考核信息、违法驾驶情况、交通事故情况、服务质量、安全操作规程执行情况以及参加教育培训情况等。安全行车定期考核的结果与企业安全生产奖惩制度挂钩。

(4)驾驶员安全告诫管理。驾驶员驾驶车辆时的情绪好坏,直接影响到行驶安全。如果对驾驶员的行为缺少这方面的监督,往往会成为导致交通惨剧的直接原因。因此,应通过各种途径提醒驾驶员注意安全驾驶。如制定安全指导书,要求驾驶员出车前让自己的家属确认情绪稳定、没有饮酒、睡眠质量良好等。对驾驶人进行出车前的询问和告知,防止驾驶员酒后、带病或者带不良情绪上岗。在与安全生产密切相关的主要岗位的工作环境张贴温馨提醒安全生产等的标语。发现驾驶员带情绪上岗或因家庭、身体等客观因素存在不良状况时,应与其多谈心多疏导,消除矛盾、化解问题确保安全生产。

(5)驾驶员驾驶过程监督管理。如果不能即时监控车辆在行驶途中容易出现的一些安全隐患,如超速、疲劳驾驶、超载等,就有可能发生交通事故。因此,汽车运输企业应制定相应的措施,进行过程监督管理,提高运输的安全性。如在运输车辆上安装 GPS 全球卫星定位仪和录像监控设备,运用先进的科学技术监督车辆是否安全运行和驾驶员是否安全操作,发现问题及时纠正消除安全隐患。通过上路慰问观察其驾驶情况。收集客户服务质量的信息反馈,从侧面了解驾驶员的安全驾驶信息。定期组织驾驶员进行体检,为驾驶员创造良好的工作环境,合理安排运输任务,防止驾驶员疲劳驾驶。

(6)规范驾驶员对车辆的维护过程。随着车辆行驶里程的增加,其技术状况总是会逐渐变差的,所以必须重视车辆的维护。车辆维护的目的就在于维持车辆良好的技术性能或工作能力,使之能安全、低耗地进行运输生产。对在用车辆要做好维护和检测工作,要求驾驶员做好车辆的日常维护之外,还要申报车辆的一、二级维护,并要求维修企业按要求进行一、二级维护作业,确保车辆技术状况完好。

(7)加强对驾驶员的奖励和惩罚。企业应制定安全管理和安全行车奖惩制度,对在安全生产工作中做出显著成绩的人员给予精神或物质上的奖励,对有违法制度的驾驶员给予及时和适当的惩罚。如安全行车达标、无大小事故、年终总结评比中被评为安全先进生产者、车辆维护质量高的给予适当奖励;对发生责任事故的驾驶员,则根据其性质、责任和对事故的认识态度等,按企业规定给予针对性的教育、停止驾驶工作、取消个人累计安全里程以及追究赔偿等处理。

(8)提高驾驶员的待遇,营造良好的工作氛围,以发展前景激励驾驶员热爱岗位。为驾驶员制订培训计划,将其职业生涯规划与培训计划相结合,使员工有学习目标和奋斗目标。建立健全用人机制,为高学历、懂技术的驾驶员提供发展的平台,使员工感受到企业的重视和尊重。

二、维修人员管理

维修人员队伍的技术水平是汽车运输企业保证车辆完好率、提高运输效率的关键因素，企业应高度重视维修人员队伍的建设和管理。主要体现在以下方面：

(1)切实加强维修人员队伍建设。在岗位设置与人员配置上,充分体现"一人多职、一岗多能"等指导思想,提高维修人员的地位。维修队伍的配置首先要保证车辆的运行和安全。制定教育培训计划,切实加大维修人员的教育培训力度,尽快提高他们的技术素质和实际工作技能。

(2)改进维修人员的收入分配和考核办法。在维修人员的工资待遇方面,要体现技术的重要性和价值,体现责任大小和工作强度,谁的技术高、能力强、贡献大,谁的待遇就高。积极推进技师、高级技师、品牌技师以及科技型、品牌型、创利型员工评选工作,并制订行之有效的激励措施,以促进维修队伍的稳定性、积极性和创造性的发挥,为企业的发展作贡献。

(3)加强车间班组建设,不断推进技术进步。车间班组是汽车运输企业最基层的生产组织,是企业各项工作的落脚点,也是企业培养维修人才的重要阵地,更是维修人才展现自我、实现人生价值的舞台。企业应积极推广班组建设先进经验,切实抓好班组建设,夯实基础,为机务技术管理工作奠定坚实可靠的基础。应适时组织维修技术骨干到相关汽车厂家或服务站,及时了解新材料、新技术和新工艺的应用情况,有效掌握日常维护和维修技能。鼓励员工立足本职,自主学习,开展科技活动或QC(Quality Control,质量控制)小组活动,并进行小改革、小发明活动。对能减轻劳动强度、提高生产效率和提高质量的工具和操作方法,应给予推广并奖励相关人员。

(4)为维修人员设置培训档案,有计划地培养员工,使员工有学习目标、奋斗目标。同时,为高学历、懂技术的维修人员提供晋升的机会,使员工感受到企业的重视和尊重。

三、机务技术人员管理

机务技术管理人员通过对驾驶人员和维修人员的管理,提高他们的综合素质,提升企业的竞争力。但同时,管理人员也应接受相应的管理和培训,提高自身的管理能力,才能更有效地管理其他人员。

(1)对机务技术管理人员要实行定编定员制度,人员数与本企业拥有的营运车辆数、修理厂资质与规模、外修业务量等相匹配,鉴定技术员、质检员、出入库技术员、轮胎技术员以及指导技术员等要合理配置,专、兼职技术员恰也要合理配置。

(2)要把机务技术管理人员的教育培训工作放在重要地位,加大培训力度,提高机务管理人员的业务知识、责任意识和管理水平。通过各种形式,因时制宜、因地制宜、有计划、分步骤实施。

(3)为机务技术管理人员创造良好的工作条件,支持他们的工作,使他们提高对企业的忠诚度,积极发挥主人翁精神,兢兢业业做好机务工作。

(4)适当引进具有指导、协调和沟通等能力的人才,充实机务技术管理队伍,提高管理能力。

参 考 文 献

[1] 庞远智. 汽车运输企业机务管理[M]. 重庆:重庆大学出版社,2008.

[2] 交通部. 关于加强汽车运输机务管理工作的若干意见[EB]. 1987. http://www.people.com.cn/item/flfgk/gwyfg/1987/227003198706.html.

[3] 赵英杭,王景杰. 加强道运企业机务管理工作[J]. 交通企业管理,2008,(5):36.

[4] 韩坤. 道路运输企业机务管理三环节[J]. 运输经理世界,2010,(1):76-77.

[5] 客运机务管理有望步入智慧时代. 中国道路运输网,2010-11-1. http://www.chinarta.com/html/2010-11/2010111155938.htm.

[6] 冯崇毅. 汽车运输企业管理[M]. 北京:人民交通出版社,1998.

[7] 金柏正. 浅谈道路运输企业如何加强机务成本管理. 中国道路运输网,2010-3-7. http://www.chinarta.com/html/2010-3/201037212000.htm.

[8] 金柏正,刘勇. 加强机务技术管理 减少客车途中抛锚[J]. 商用汽车杂志,2007(3):108-109.

[9] 戚光齐. 浅谈如何加强机务管理 确保车况完好. 中国道路运输网,2010-3-7. http://www.chinarta.com/html/2010-3/20103792640.htm.

[10] 孔令雪. 如何抓好新形势下的公路机务管理工作[J]. 科技风,2012,(3):275-275.

[11] 何卫,李全义,杨国峰. 新形势下的机务管理[J]. 建设机械技术与管理,2010.6:105-107.

[12] 吴建铭. 抓机务质量 保行车安全[J]. 城市公共交通,1996,(4):62,67.

[13] 雷琼红. 汽车使用与技术管理[M]. 北京:人民交通出版社,2009.

[14] 于怀勇. 客车品牌对客运企业选购车辆的影响[J]. 运输经理世界,2008(6):110-111.

[15] 马文英. 营运客车的选型[J]. 运输经理世界,2007,(2):78-79.

[16] 徐光明,卢坚峰. 浅谈客运企业该如何选购客车. 2010-3-7. http://www.chinarta.com/html/2010-3/20103793927.htm.

[17] 国产客车怎样面对客运市场需求——访新国线运输集团副总经理王旭. 驾驶园,2008.11:26-28.

[18] 江兴智. 公路营运汽车选型的燃油经济性分析[J]. 客车技术与研究,2003,(6).

[19] 孙艳黎. 伪命题之重卡选购 节油真的是首选? 方得网,11-09-13. http://www.find800.cn/news/diao/kadiao/110913/12280.html.

[20] 交运发〔2012〕762 号. 交通运输部关于印发汽车客运站营运客车安全例行检查及出站检查工作规范的通知[EB]. 2012-12-24. http://www. wwwauto.com.cn/HYfgzc/kYkZ/KY-2012/JYF-2012-762/JYF-2012-762.html.

[21] 管小牧. 浅谈营运车辆技术管理的方法措施[J]. 农业装备技术,2003,(3):45-46.

[22] 熊永超,张维东. 浅谈做好企业车辆技术管理[J]. 企业家天地:下旬刊,2010,(1):

32-32.
[23] 石艳秋. 如何做好运输企业的车辆技术管理工作[J]. 黑龙江科技,2008,(8):88-90.
[24] 金柏正. 强化车辆维修管理促进技术与经济相结合[J]. 商用汽车杂志, 2006,(7):119-121.
[25] 田庆稳,聂廷辉,周建伟. 如何加强道路运输企业车辆技术管理[J]. 交通企业管理,2010,(7):37-38.
[26] 泉州市机动车维修行业协会. 福建省运输管理局关于认真做好营运车辆维修. 与技术管理改革工作的通知[EB]. 2011-06-02. http://www.qzjdcwx.com/n2/show.aspx? Id =57.
[27] 中华人民共和国交通部. 交通运输行业第二批节能减排典型示范项目推广材料之六——严格营运车辆准入 优化车辆技术结构. 2008-10-24. http://www.moc.gov.cn/2006/jiaotongjj/07jiaotjnw/shifangdx/200810/t20081024_531003.html.
[28] 于怀勇. 汽车运输企业如何做好节能减排[J]. 交通世界,2009,(8): 125-126.
[29] 于怀勇. 汽车运输企业应大力推广普及轮胎翻新. 中国道路运输网,2010-3-9. http://www.chinarta.com/html/2010-3/201039102821.htm.
[30] 黄剑英. 汽车运输企业技术管理[M]. 北京:人民交通出版社,1994.
[31] 夏国建,潘焕梁. 道路运输安全管理[M]. 北京:人民交通出版社,2003.
[32] 李皖. 现代企业管理[M]. 北京:人民交通出版社,2005.
[33] 万建红. 创新客运企业车辆采购模式 提高车辆采购决策水平[J]. 交通企业管理,2011,(6).
[34] 李刚. 汽车配件经营与管理[M]. 北京:化学工业出版社,2010.
[35] 邬星根、李莅仓储与配送管理[M]. 上海:复旦大学出版社,2005.
[36] 马毅,张虎臣. 物流仓储与配送[M].. 北京:清华大学出版社有限公司,2009.
[37] 彭朝晖. 汽车配件管理与营销[M]. 北京:人民交通出版社,2011.
[38] 马天山. 现代汽车运输企业管理[M]. 北京:人民交通出版社,2009.
[39] 夏志华,郭玲. 汽车配件市场营销[M]. 北京:北京理工大学,2010.
[40] 徐奇光. 湖州长运如何通过抓机务管理达到降生产成本. 中国道路运输网,2010-3-7. http://www.chinarta.com/html/2010-3/201037214855.htm.
[41] 全国经济专业技术资格考试用书编写委员会. 2011 年中级经济师考试教材-公路运输经济专业(经济基础知识/运输公路经济专业知识与实务)(预定版)[M]. 北京:中国人事出版社,2009.
[42] 顾自立. 现代电力企业物资管理[M]. 北京:中国电力出版社,2007.
[43] 李百川. 道路运输企业安全管理[M]. 北京:人民交通出版社,2006.
[44] 范晓姝. 现代技术教育在企业培训中的应用[J]. 通化师范学院学报,2009,(8).
[45] 谭海燕. 论员工培训在企业发展中的作用——以我国航空公司机务人员培训为例[J]. 企业技术开发,2010,12:80-81.
[46] 冯正霖副部长在全国机动车驾驶培训工作会议上的讲话. 培养安全文明驾驶员 夯实道路交通安全发展基础[EB]. 人民网,2013-3-11. http://www.moc.gov.cn/zizhan/siju/daoluyunshusi/zongheguanli/gongzuodongtai/201303/t20130301_1373337.html.
[47] 交通运输部文件交运发[2011]475 号. 中华人民共和国道路客货运输驾驶员继续教育大纲[EB]. 2011-9-27. http://www.wwwauto.com.cn/HYfgzc/CYRY/CYRY-ZG/CY2011-12/JYF-2011-475.htm.